한글독본

鄭寅承 編

근대독본총서 8

한글독본

鄭寅承 編

구자황 · 문혜윤

경진출판

일러두기

一. 이 총서는 『한글독본』(정음사, 1946)을 저본(底本)으로 삼았다.

一. 이 총서는 원문대로 옮기는 것을 원칙으로 하였으며, 이에 따라 문장부호, 기호, 야 물 등도 출판 당시의 표기를 그대로 따랐다.

一. 다만, 가독성을 위해 띄어쓰기는 현대 어법에 맞도록 수정하였고, 낙자나 오식이 분 명하다고 판단되는 경우 이를 교정하였다.

一. 편자의 각주는 가급적 사용하지 않는 것을 원칙으로 하되, 부득이 설명이 필요한 경우에는 '(엮은이)'로 표시하였다.

독본이라는 근대의 창(窓)

鄭寅承 編

독본讀本은 편찬자가 '정수精髓'라고 여기거나 '모범模範'이 될 만하다고 판단하는 글을 뽑거나 지어서 묶어 놓은 책이다. 따라서 편찬자의 의식과 입장에 따라, 겨냥하는 독자에 따라 그 주제와 범위를 달리할 수 있다. 무엇보다도 편찬될 당시의 일정한 담론과 지향이 독본의 체재와 내용으로 반영된다.

독본讀本은 태생적으로 계몽적 성격을 띤다. 근대 담론이 형성되던 일제강점기 조선에서는 그 성격이 더욱 농후하다. 독본은 『國民小學讀本』(1895) 이래 제도적 의미와 표준적 의미를 갖는 교과서로서의 역할을 담당하였고, 근대 지知를 보급한다는 목적 아래 단일하지 않은 성격의 텍스트가 혼종되어 있었다. 또한, 독본에 실린 글들은 읽기의 전범일 뿐만 아니라 쓰기의 전범이기도 했다. 즉, 독본이라는 형식을 띠고 있는 책들은 우선 그 안에 담긴 지식과 사상을 흡수하게 하려는 의도를 지니지만, 그와 동시에 선별되거나 창작된 글들은 그 자체로 문장 형식의 전범이 된다는 점에서 자연스럽게 쓰기 방식을 습득하게 하는 역할을 담당했던 것이다.

근대 독본은 교육과 연계되는 제도화의 산물임을 부정할 수 없다. 특히 읽기와 쓰기의 규율을 제공한다는 점에서 문범화의 기초를 제공한다. 이와 같은 제도화 및 문범화란 독본의 편제 그 자체를 통해 독자에게 내용을 전달하는 방식을 만들어 냈다. 그런데 적극적인 의미 부여나 해설을 통해 '사회적으로 의미 있는' 영역임을 할당·배분·강조하는 양상이 1920년대 이후부터 뚜렷해진다. 실제로 1920년대 독본의 양상은 근대적 글쓰기 장場에서 하나의 문범文範 혹은 정전正典을 제시함으로써 넓은 의미의 근대 지知를 전달하는 표준적 매체로 기능하는 데 그치지 않고, 자기갱신을 통해 철자법, 교육령, 성장하는 대중독자와 적극적으로 교직하면서 문학적 회로回路를 개척해 나갔다.

한편 독본은 그 자체로 당대 독자들의 욕망을 재구성한 대중적 양식이다. 특히 구성되고 확산되는 방식에 있어 더욱 대중적이다. 이는 독본이라는 텍스트가 갖는 생산성이라 명명할 수 있을 것인바, 텍스트가 궁극적으로 창출하는 문화·상징권력까지도 포함한다. 또한 독본이란 역사적으로 볼 때 새로운 학문이나 분야를 축조하는 문화적 양식이라고 할 수 있다. 축조의 과정은 텍스트의 구성 과정과 더불어 독본의 반영성을 드러내 준다. 정전正典, canon의 문제가 야기되는 것도 바로 이 지점이다.

이렇듯 독본讀本, 나아가 작법作法 및 강화講話류는, 역사적으로 특수한 여러 문화 지형들을 반영하고 있으며, 일제강점기 근대에 침전된 다양한 정치적·문화적 위계의 흔적들을 보존하고 있다. 문학 생산의 조건, 문학의 사회적 위상, 나아가 문화의 동학動學을 텍스트 안팎의 형식으로 우리 앞에 제시한다. 이것이야말로 독본이라는 창窓이 갖는 근대문화사적 의미다. 독본이라는 창窓을 통해 일제강점기 근대를 살피면 텍스트 자체의 방대함 이면에 숨은 근대의 다종다기한 모습을 만나게 된다. 어떤 점에선 방대하기 이를 데 없으며, 또 어떤 점에서는 지엽적일 뿐인 여러 지점들은 문화론적 지평 안에 호명되는 순간 하나하나의 의미로 재구성된다.

이번에 추가하는 세 권의 총서는 4년 전 출간한 것과 색다른 점이 있다. 1차분이 '좋은 문장'을 기준으로 선별된 문학의 전사前史를 보여 준다면, 2차분에서는 다양한 기준으로 분기된 독본의 진화 양상을 문화사文化史의 맥락에서 확인할 수 있다. 3차분은 해방 이후 독본 가운데 새로 발굴한 것과 아직 학계에 널리 알려지지 않은 것들을 우선 엮었다.

그 사이 '근대 독본'에 대한 관심이 높아지고, 관련 연구도 늘었다. 문학작품이나 신문, 잡지 너머 떠돌아다니던 텍스트들이 근대 출판의 측면에서, 근대적 서간의 측면에서 다뤄지고 있다. 나아가 해방 이후의 독본 자료를 본격적으로 정리하기에 이르렀으며, 문학교육이나 근대의 교과서를 다루는 장에서도 주목받고 있다. 모쪼록 새롭게 추가된 총서가 이러한 연구에 작은 보탬이 되었으면 한다.

2015년 5월
구자황·문혜윤

鄭
寅
承
編

해제

해방 후 조선어학회와 국어 교과서의
연관성, 『한글독본』의 특징

정인승의 『한글독본』은 정음사에서 발간한 『부독본총서』 1권으로 1946년 3월에 간행되었다. 정음사의 『부독본총서』는 "교재난을 타개키 위하여(최영해, 「사축동잡록」, 『근대서지』 9호, 근대서지학회, 2014.6, 148쪽)" 기획된 것으로, 전체 6권으로 구성되어 있다. '부독본'이긴 하지만 '교과서의 보조 수단' 이상의 의미를 지니고 있었을 것이다. 『부독본총서』 2권은 『우암선생계녀서』(이재욱 서), 3권은 『조선시조집』(최영해), 4권은 『조선속담집』(김원표), 5권은 『조선어철자편람』(김병제), 6권은 『중등문범』(박태원)이었다. 본 근대독본총서에는 『한글독본』(정인승)과 『중등문범』(박태원)이 포함되었다.

『부독본총서』(정음사)와 그 안에 포함되었던 정인승의 『한글독본』이 가진 의미를 파악하기 위해서는, 해방 직후 국어 교과서의 상황과 조선어학회와의 연관성을 이해해야 한다. 해방 직후의 선결 과제는 국가 건설이었다. 이때 가장 중요한 문제로 대두된 것이 국어의 수립이었다. 미군정청에서 1945년 9월 17일에 발표한 일반명령 제4호에는 "산수나 이과 교과목 이외에는 일본 교과서

사용을 금지"한다는 내용이 포함되어 있었다. '국어'는 민족정신의 반영으로 일컬어지는 만큼 국어, 교육, 교과서의 조합은 국민의 형성에 필수적인 것이었다. 국어 혹은 국어 정신을 교육을 통해 확립·확산시킬 수 있는 방법은 국어 교과서를 통해서인데, 조선어 교육 축소 및 금지를 기조로 하였던 식민지 교육을 오래 거치게 되면서 제대로 된 국어 교과서가 만들어져 있지 못한 상황이었다. 갑작스러운 해방은 국어 교과서의 편찬을 시급하게 요청하였고, 이에 따라 해방 직후의 출판 시장은 국정 및 검인정 교과서, 부교재 형태의 출판이 활황을 이루었다.

1942년 어느 여고생의 일기에서 우연히 시작된 조선어학회 사건은 1945년 해방의 시점까지 진행 중이었다. 해방 이틀 후 함흥형무소에서 출옥한 이극로, 최현배, 이희승, 정인승 등은 기차를 타고 8월 19일 서울에 도착하였다. 그 이튿날 다시 만나 학회 재건 사업을 논의하였고, 이에 따라 8월 25일 임시 총회를 열게 되었다. 그 총회를 통해 6인의 간사를 선정하였고, 초등과 중등 국어 교과서 편찬, 국어 교원 양성을 위한 국어강습회 실시, 월간지『한글』속간, 국어사전 편찬 완료 등을 결의하였다. 조선어학회 차원에서 교과서 집필 및 보급을 제1의 사업으로 결의하고 준비하던 중 별다른 준비 없이 한국에 입성하게 된 미군정이 각종 교과서의 발행권을 양도해 달라는 요청을 하여 옴으로써 조선어학회의 국어 교과서가 미군정에 증정되는 절차를 밟게 된다. 한징과 이윤재 두 인물의 옥사를 낳은 조선어학회 사건으로 조선어학회는 일제의 탄압과 그에 대한 저항의 상징물이 되었기 때문에, 조선어학회와 조선어학회 편찬 교과서가 가진 영향력은 막강한 것이었다.

조선어학회는 해방기 군정청 학무국과 문교부에서 간행한 국정 국어 교과서와 민간 독본 편찬에 공통적으로 관여하고 있었다. 학회의 8월 25일 임시 총회를 통해 선임된 조선어학회의 임원 및 직원은 간사장 이극로, 간사 최현배(경리), 김병제(서무), 이희승(교양), 정인승(출판), 김윤경(도서), 부원 김원표(경리), 안석제(서무, 교양), 조동탁(출판), 이석린(출판, 도서), 이상인(출판), 이성옥(도서) 등이었다. 이 인물들이 정음사 『부독본총서』의 집필·편집진과 겹친다.

1권 정인승은 조선어학회 간사, 3권 최영해는 조선어학회 간사인 최현배의 맏아들로 정음사의 사장이었다. 4권 김원표는 조선어학회 부원이자 최현배의 처조카, 5권의 김병제는 조선어학회 간사이자 조선어학회 사건으로 옥사한 이윤재의 사위였다. 2권은 이재욱이 서문을 달고 있는데, 그는 경성제국대학 조선어학급문학과 3회 졸업생으로 1931년 6월에 발족되었던 '조선어문연구회'의 일원이었다. 이 연구회는 제3회 졸업생의 한 사람인 김재철이 주동이 되어 조윤제(제1회), 이희승(제2회), 이재욱(제3회) 등 4인이 동인이 되어 발족한 단체이다. 조선어학회 간사 이희승과의 연결이 드러나며, 이 책의 서문을 쓸 당시에는 '국립도서관장'으로 표시되어 있다. 6권의 박태원은 최영해와 친구 사이로 알려져 있다. 정음사 『부독본총서』의 각 권 담당자들은 어떠한 형태로든 조선어학회와 관련을 맺고 있었던 것이다.

『한글독본』은 몇 가지의 특징을 가지고 있다. 첫째, 수록되어 있는 작품들마다 장르를 기록하였는데, 그 분류의 기준을 알기 어려울 만큼 많은 16가지 장르가 표시되어 있다. 만담, 만필, 수필과 같이 구분이 어려운 장르를 굳이 구분하여 적어 놓았는가 하면, 고담을 따로 나누어 근대와 그 이전 시대의 작품을 구분하였다. 그중 비교적 수록된 작품의 수가 많은 것은 '수양', '고담', '시조',

'시'이다. '수양'에 안창호의 글이 두 편이나 실려 있고, 책의 후반부는 운문('시조'와 '시')이 몰아서 배치되어 있다. 앞부분에 실린 '가요' 두 편과 '신시'로 따로 분류된 이은상의 시까지 합하면 운문이 12편이나 실려 있는 셈이다. '수양'에 실려 있는 글의 내용과 운문의 집중적 배치로 미루어 보건대, 새로운 국가의 학생과 청년이 길러야 할 정신을 간략하고 빠르게 전달하고 싶었던 편집자의 의도가 드러났던 것이라 할 수 있다.

둘째, 이 책은 국어 및 한글이라는 역사성 속에 교과서를 위치시키려는 의도를 드러낸다. 「노력」이라는 작품은 '번역'되었다고 표시되어 있는데 서양 작품의 번역인 듯 보인다. 한문학과 관련된 작품은 보이지 않으며 전래의 장르 중 유일하게 시조만이 채택되고 있다.

셋째, 이 책의 부록에는 표준어에 대해 이해하기 쉬운 공통 규칙 몇 가지와 맞춤법에서 새 받침에 관한 것, 그리고 문장 부호에 관한 내용이 정리되어 실렸다. 이 규칙들은 기본적으로 1933년 한글맞춤법통일안과 1936년 표준어사정에 기반을 둔 것으로 해방 후의 출판물들 역시 조선어학회식의 규칙으로 국어, 국문을 습득하게 하려는 의도를 내포한 것이다.

넷째, 특히 이 책은 작품의 본문에 군데군데 방점이 찍혀 있는 것을 볼 수 있는데, 편집자의 일러두기에 의하면 "군데군데 글자 위에 점을 찍어 표한 것은 편자의 다년 경험에 비추어, 표준어나 철자법의 부주의로 인하여 틀리게 쓰는 이가 많은 것을 짐짓 지적한 것이니, 학생들로 하여금 읽을 때마다 거기에 특별히 의식을 가하여, 스스로 표준어를 조사하고 철자를 검토하여, 그와 틀리는 말이나 혹은 틀리는 철자로 쓰지 아니할 자신을 가지도록 연습시켜

鄭寅承 編

나"가기 위한 것이었다. 글을 읽어 가다가 방점이 찍힌 부분에서는 올바른 표기와 그른 표기를 스스로 유추해 보도록 한 것이다.

『한글독본』의 첫째, 둘째, 셋째 특징은 1931년 출간된 이윤재의 『문예독본』이 지녔던 특성과 동일하다.『한글독본』에 포함된 작품들 중『문예독본』에 수록된 작품들이 재수록된 경우도 적지 않다. 정인승의『한글독본』편찬 방침이『문예독본』으로부터 비롯된 것이라고 말할 수 있는데, 이는 결국『한글독본』이 조선어학회의 국어에 대한 방향성을 답습하고 있었다고 해석할 수 있는 부분이다.『한글독본』이 포함된 정음사『부독본총서』의 전체 체재 역시 이와 비슷하다. 2권『우암선생계녀서』는 송시열이 딸에게 보내는 한글 서간이고, 3권『조선시조집』은 고전문학 장르 중 유일하게 총서로 묶인 한글 문학이다. 4권『조선속담집』은 네 개의 한자 성어를 제외하고 모두 우리말 속담을 싣고 있다. 5권『조선어철자편람』만 현재 실물을 확인할 수 없는 상태인데, 제목을 통해 그 내용을 추측해 보자면 조선어를 글로 쓸 때의 규칙이 나열되어 있었던 책인 것 같다.『한글독본』의 부록과 방점을 통해 제시된 표준어, 맞춤법 규정의 확대판인 것이다. 즉, 한글 위주의 문학 편제, 민족의 생활 및 문화를 알려 민족성을 구성하려는 의도, 그리고 일제강점기 때 제정된 한글맞춤법과 표준어 규정을 환기시키는 형태이다. 이러한 구성과 편제가『한글독본』자체를 만든 원리가 되었다.

따라서『한글독본』을 통해 해방기 국어 교과서의 편찬 방향 및 그 시대 국어 교과서가 지녔던 지향을 확인할 수 있을 것이다.

目 次

鄭寅承 編

한글독본

鄭寅承 編

한글독본

鄭寅承 編

일러두기

1. 이 책은 主로 中等 程度의 各 學校에서 學生들에게 言語를 洗練시키며, 글을 읽는 힘과, 글을 쓰는 힘과, 또한 글을 짓는 힘을 修練시키기 爲하여, 國語科의 補習 讀本으로 使用하도록 編纂한 것입니다.

2. 材料는 될 入 수 있는 대로 多方面의 作品 中에서 뽑되, 文章은 아무쪼록 平易한 것으로, 內容은 아무쪼록 教訓的인 同時에 趣味 있는 것으로 고르기에 힘썼습니다.

3. 標準語와 綴字法에 特別히 嚴正 精確을 期하기 爲하여, 一語 一字마다 細心 注意를 加하여, 原文의 말과 글짜를 徹底히 整理하고, 文章 內容도 現代的 見地에서 敢히 더러 깎고, 보태고, 고치기도 하였으니, 이는 作家 여러분에게 크게 미안한 바이나, 스스로 그분들의 善意的 寬恕를 믿기 때문입니다.

4. 군데군데 글짜 위에 점을 찍어 표한 것은 編者의 多年 經驗에 비추어, 標準語나 綴字法의 不注意로 因하여 틀리게 쓰는 이가 많은 것을 짐짓 指摘한 것이니, 學生들로 하여금 읽을 때마다 거기에 特別히 意識을 加하여, 스스로 標準語를 考查하고 綴字를 檢討하여, 그와 틀리는 말이나 혹은 틀리는 綴字로 쓰지 아니할 自信을 가지도록 練習시켜 나가면, 確實히 많은 效果를 얻을 줄로 믿습니다.

5. 標準語에서 規則的으로 決定할 수 있는 말들과, 綴字法에서 새 받침으로 써야 할 말들과, 및 文章에서 가장 흔히 쓰이는 重要한 符號들을 卷末에 붙이었으니, 이들을 充分히 記憶하여 實用에 熟練하도록 할 것이며, 띄어 쓰는 法은 "한글 맞춤법 통일안"의 規定을 基礎로 하여, 이 책에 쓰인 마디마디에 잘 留意하여, 各自 熟達하게 되도록 하기를 바랍니다.

1. 이순신 어른

鄭
寅
承
編

　이순신(李舜臣)이라 하면, 조선 사람 되어서 모를 이가 누가 있겠습니까? 그 용맹이라든지 그 훈공이라든지 우리 소년들의 가장 공경하며 참으로 모범할 일이 많은 어른입니다.

　이 어른은 단군기원 3878년, 곧 인조대왕 원년, 음력 삼월 초여드레ㅅ날 서울 건천동(乾川洞)에서 나시었습니다.

　어리었을 적에 여러 동무들과 같이 장난하며 놀 때에, 나무 막대기를 가지고 활이라, 창이라, 칼이라 하면서 군사들이 전장에서 싸움하는 흉내를 내는데, 자기는 스스로 대장이 되어, 어린 아이들을 거느리고 지휘 호령하는 것이 범상하지 않았습니다. 장래 큰 영웅 될 바탕은 특별히 여기에서 알아볼 것이 아닙니까? 이 어른은 그 할아버지ㅅ 적부터 문학을 숭상하였으며, 당신께서도 나이 이십여 세가 되도록 책상머리에 앉아서 글 읽기만 하시다가, 하루는 무슨 깨달음이 있었던지 붓대를 내어던지고 무예(武藝)를 익히기로 결씸하였습니다.

　나이 스물여덟 살ㅅ 적에 훈련원(訓練院) 별과(別科)에 가서 말타기를 시험하시다가 불행히 낙마를 하여 왼편 다리가 절골되어 한참은 혼도하여 있었습니다. 이 광경을 본 여러 사람들이 놀라서,

"에꾸, <u>이 공</u>이 죽었다!" 하고 야단들을 합니다. 이 어른께서 벌떡 일어나서 버드나무 가지를 꺾어 그 껍질을 벗기어서 그 상한 다리를 싸매고, 도로 말게 뛰어올라 달리니, 만장 관중이 크게 갈채하였습니다. 지금 세상에 손톱 밑에 조그마한 가시가 하나만 들어도 꿍꿍 앓으며 곧 죽을 것 같이 아는 겁장이는 이 어른의 일을 한번 생각지 않는가?

한번은 선산에 성묘하러 가시었더니 뫼 앞에 세워 두었던 장군 돌이 넘어졌는데, 역군 수십 명이 들어 일으키려 하여도 조금도 요동하지 아니하였습니다. 이 어른께서 그들을 꾸짖어 다 물리치시고 도포 입은 채로 그것을 덜렁 들어다가 등에 지고 본디 있던 자리에 갖다 세워 두니, 여럿이 모두 혀를 내두르며 탄복하였습니다.

이 어른은 나이 점점 많아감을 따라 뜻을 세우며, 마음을 수양함이 보통ㅅ 사람과는 달랐습니다. 더욱이 애국심이 열렬하여 몸을 나라에 바치기로 결씸하였습니다. 그리하여 <u>서울</u> 같은 도시에 생장하였지마는 도무지 바깥출입이라고는 없고 꼭 문을 쳐닫고 들어앉아서 병법을 읽으며 무예를 연습하기에 전심하였습니다.

나이 스물아홉에 이르러 비로소 무과(武科)에 올라, 처음에는 일개 미미한 변방 고을 군관을 지내었으며 나중에는 전국 해군을 통솔하는 수군통제사(水軍統制使)라는 크나큰 책임을 맡게 되어 동서양 해군사상 특필할 공훈을 세우기까지에 이르렀습니다.

<u>임진왜란</u> 때에 남쪽 해상에서 크게 활동하여 적함 수백 척을 쳐부수어 적의 간담을 놀라게 하였으며, 또 서북선을 창조하여 세계 잠수함의 맨 처음 발명을 하시었습니다.

2. 조선 학생의 정신

도   산

鄭
寅
承
編

사회는 활동으로부터

학생은 장차 사회에 나아가 활동할 준비를 하는 사람입니다. 생존과 번영은 사람의 활동에 따라 되는 것이므로, 활동 이것이 있으면 살고 없으면 죽을 것이며, 많으면 크게 번영하고, 적으면 적게 번영할 것입니다. 그런즉 인류 사회의 생존은 사람의 활동에 있고, 사람의 활동은 활동할 무기를 잘 준비함에 있으며, 이 무기를 준비하는 이는 곧 학생이외다.

그러므로 조선의 학생 된 이는 먼저 조선 사회로부터 세계 어느 사회에든지 나아가 활동할 사람임을 잊지 말아야 하겠습니다.

참 활동은 직분 이행

활동에는 허영적 활동과, 실제적 활동이 있습니다. 무슨 취지서에나, 발기문에나, 신문지상에나, 어디에나 버젓하게 성명이나 쓰는 것을 활동이라 할 수 없고, 다만 실제상 자기가 마땅히 할 직분을 이행하는 것이 참 활동이외다. 그리고 영국의 학생은 영국의 경우에, 또 <u>미국</u>이나 <u>중국</u>의 학생은 <u>미국</u>이나 <u>중국</u>의 경우에 따라서 준비하여 가지고 활똥하는 것이외다. <u>조선</u>의 학생은 <u>조선</u>의 경우에 따라서 준비하여 가지고 <u>조선</u> 사회에 또는 세계 사회에 나아가 활똥하여야 되겠습니다.

직분을 이행한다 함은 자기의 의무를 이행한다 함인데, 의무로 말하면 자신에, 친족에, 동족에, 국가에, 세계에 대한 의무가 있습니다. 또 각각 그 의무를 잘 이행하려면, 먼저 자기의 가족은, 동포는, 사회는, 국가는 어떠한 경우에 있는지, 아울러 자기 자신이 어떠한 경우에 있는지를 잘 알아야 하겠습니다.

경우가 남과 같지 않다

지금 우리는 민족적으로 남과 다른 경우에 있습니다. 우리의 찬란한 옛 문화는 극도로 파괴되어 복구 수리할 길이 멀고, 새로운 문화는 이제 엄1) 돋는 시기에 있습니다. 또 구도덕은 무너지고 신도덕은 서지 못하여 혼란 상태에 있습니다. 또 다른 나라 학생은 학자가 넉넉하여 배우고 싶은 것을 마음대로 배울 수가 있지마는, 우리 <u>조선</u> 학생은 그렇지 못하외다. 게다가 우리는 유혹이나 허영에 휘둘리기 쉬운 환경을 가졌습니다. 오늘날 이와 같은 불리한 경우에 처한 <u>조선</u> 학생으로서 그 직분은 매우 크외다. 이 학생 된 이의 손으로라야 우리의 집이나 사회를 장차 바로잡을 수가 있는 것이요, 만일 그렇지 못하면 우리의 앞길은 영영 가엾이 될 뿐이겠습니다. 그러니, 오늘의 <u>조선</u> 학생들은 무의식적으로 남의 흉내

---

1) (엮은이) 엄: '움(풀이나 나무에 새로 돋아 나오는 싹)'의 옛말.

나 내지 말고, 명확한 판단을 가지고 나아가야 학생 그네들에게도 다행이 되고, 민족 전체에게도 다행이 되겠습니다.

헌신적, 희생적 정신

첫째, 남은 알든지 모르든지 <u>조선</u> 민족에 대한 헌신적 정신과 희생적 정신을 길러야 하겠습니다. <u>조선</u> 민족을 다시 살릴 직분을 가진 이로서 이 정신이 없으면 안 되겠습니다. 자주라, 독립이라, 평등이라 함이 다 자기를 본위로 하는 이지적이외다. 어떤 때에 일씨적 자극으로 떠들다가도, 그 마음이 까라지면 다시 이기심이 생깁니다. 자기의 생명을 본위로 함은 이것이 진리요 자연이외다. 그런데 이제 자기의 몸과 목숨을 내놓고 부모나, 형제나, 동포나, 국가를 건진다는 것은 혹 모순이 아니겠습니까? 아니외다. 이 헌신적과 희생적으로 하여야, 부모와 형제가 안보되고, 민족과 사회가 유지되는 동시에 자기의 몸도 있고 생명도 있으려니와, 만일 이 정신으로 하지 아니하면, 내 몸과 아울러 사회가 다 보전되지 못하는 법이외다. 가령 상업이나 공업을 하는 것도 자기의 생명을 위하여 하는 것이지마는 여기도 헌신적과 희생적 정신으로 하지 않으면 안 됩니다.

이 위에 말한바 이지적으로뿐 아니라, 정의적으로도 민족에 대한 일어나는 정을 억제하지 못하여, 헌신적 희생적 활똥을 아니할 수 없습니다. 오늘의 <u>조선</u> 학생 된 이는 옛날에 자기의 명리를 위하여 출쎄하려는 듯이 하지 말고, 불쌍한 내 민족에 대한 직분을 다하기 위하여 하여야 되겠습니다.

긍휼히 여기는 정신

둘째, 긍휼히 여기는 정신을 길러야 하겠습니다. 학생에게 있어서 이 정신이 더욱 필요하외다. 학생이 되어서 무엇을 좀 안 뒤에는 교만한 마음이 생기어서, 자기만큼 모르는, 자기의 부형이나, 이웃이나, 존장에게 대하여 멸씨하는 마음이 생기고, 따라서 제 민족을 무시하게 됩니다. 그 결과로 동족을 저주하고, 질씨하고, 상관하지 아니하려 합니다. 나만 못한 사람을 무시할 것이 아니라, 긍휼히 여기어야 옳고, 남의 잘못하는 것을 볼 때에 저주할 것이 아니라, 포용심을 가지어야 하겠습니다. 긍휼히 여기는 마음이 없으면 내 동족을 위하여 헌신적과 희생적으로 힘쓸 마음이 나지 않습니다. 소학생 시대나, 대학생 시대보다 중학생 시대에 남을 업신녀기는 교만한 마음이 가장 많은 법이외다. 이것은 무엇을 좀 알기 시작할 때에 저마다 잘 아는 듯싶어서 그렇게 됩니다.

또 어떤 이는 걸핏하면 제 동족의 결첨만을 들어가지고 나무랍니다. 그러나, 우리 <u>조선</u> 사람도 다 잘 배울 기회를 가지었거나, 다 좋은 환경을 가지었더라면, 누구보다 조금도 못할 민족이 아니외다. 그러므로 제 동족에 대한 불평을 가질 것이 아니라, 일체로 서로 긍휼히 여기는 마음을 가지어야 옳겠습니다. 제 동족에 대한 긍휼심이 적으면 외족에게 대한 독립성이 박약한 법이외다.

너와 나의 협동적 정신

세째, 서로 협동하는 공동적 정신을 배양하여야겠습니다. <u>조선</u>의 일은 <u>조선</u> 사람 된 내가 할 것인 줄 아는 동시에, <u>조선</u> 사람 된

이는 누구나 다 분담하여 가지고 공동적으로 하자 함이외다. 어떤 이는 무슨 일을 저 혼자 하겠다는 생각을 가집니다. 그런 이에게 는 소위 야심이라는 것이 생깁니다. 그 결과에, 하려는 일은 되어 지지 않고, 도리어 분쟁이 생깁니다. 제가 무엇이나 다 한다고 하 다가는 낙심하기가 쉽습니다. 혼자 하는 일은 잘 이루어지지 아니 하므로, 과거의 성공이 없음과 장래가 아득한 것을 보고는 곧 비 관하여 낙망합니다. 나와 다른 이가 다 함께 할 것으로 아는 이는 자기는 비록 성공을 못하더라도 다른 이가 성공할 줄을 믿고, 또 자기 당대에 못 이루고 죽더라도 자기 후손이 이어서 할 것이므 로, 여기에는 낙망이 생기지 않고 오직 자기의 할 직분을 다할 뿐 이외다. 그 민족 전체에 관계되는 사업은 어느 한두 사람의 손으 로 되지 않고 전 민족의 힘으로라야 됩니다. 그러므로 내가 깨달 은 바에 대하여 나의 직분을 다하여 노력하고 아울러 온 민족과 협동하여 할 정신을 길러야 되겠습니다. 너와 내가 다 함께 한다 는 관념이 절썰하여지는 날에야 성공이 있겠습니다. 협동적 관념 이 있어지면 공동적 주장과 계획이 세워지겠습니다. 이 협동적 정 신 아래에서 공동적으로 하는 것을 미리 연습하여 두어야 공동적 큰 사업에 나아가서도 협동적 실행이 있어지겠습니다.

한 가지 이상의 전문 지식

이 위에 말한 것은 정신 방면을 말한 것이외다. 이제는 실찔 방 면에 들어가서 누구나 한 가지 이상의 전문 지식을 가지어야 된다 함이외다. 전문 지식을 못 가지겠거든 한 가지 이상의 전문적 기 술이라도 가지어야 하겠습니다. 오늘날은 빈말로 살아가는 세상

鄭寅承 編

이 아니요, 그 살아갈 만한 일을 참으로 지어야 사는 세상이외다. 실쩨에 나아가 그러한 일을 지으려면은 이것을 감당할 만한 한 가지 이상의 전문적 학식이나 기술이 없어서는 안 됩니다. 이것이 있고야 자기와, 가족과 및 사회를 건집니다. 오늘에 있어서는 옛날에 벼슬하기 위하여 과거 보러 다니던 관념으로 허영을 위하여 공부하는 이가 많습니다. 사회에 유익한 사업을 감당하기 위하여, 실쩨의 학문을 참으로 연구하는 이는 적고, 아무 대학을 마치었다는 이름이나 얻기 위하여 사각모자를 쓰고 다니는 것이나, 대학 졸업장을 얻는 것으로 성공을 삼는 이가 많습니다. 그런 이는 한 번 졸업한 후에는 다시 더 학리를 연구하지 않습니다. 우리 학생들은 직업을 표준하지 않고, 허영적 영웅을 표준하는 이가 많은 듯하외다. 만일 실쩨 학문을 배워서 정당한 사업에 나아가지 않고 흰수작과 난봉이나 부리면, 그는 차라리 학교에 아니 다니고 집에 있어서 부모를 위하여 소 먹이고 꼴 베는 것만 못하겠습니다.

1926년 겨울

3. 한 냥을 들여 서 푼을 찾음

鄭寅承 編

　이원익이 젊었을 때 밤에 골목길로 가다가, 어쩌다가 엽전 서 푼을 개천에 빠뜨리었습니다. 동네ㅅ 사람들을 청하여 홰ㅅ불을 잡히고 개천을 쳐서, 그 돈을 찾아내니, 그 비용이 엽전 한 냥이 들었습니다. (이원익=李元翼)

　한 냥을 들이어 서 푼을 찾는 것은 대단히 어리석은 일이라고, 사람들이 비웃으니, 이원익은 이렇게 말하였습니다.

　"나 한 사람으로만 말하면 한 냥을 허비하여 서 푼을 건지니, 손해만 났지, 이익은 없는 것 같으나, 전국, 전 사회로 보면은, 그 한 냥은 한 냥대로 이 사회에 그대로 살아있고, 이 서 푼은 없어졌던 것이 다시 살아난 것이니, 무엇이 손해가 되는가? 만일 그 서 푼을 찾지 아니하면, 그것이 정말 이 사회의 손해가 되는 것이다."

4. 쌀알 한 개

쌀알 한 개에 글짜 한 자를 쓴다 합니다. 한 자를 쓰기만도 도저히 용이한 일은 아닙니다. 그런데, 세상에는 열 스 자라도 스무 자라도 아니, 몇 백 자라도 쌀알 한 개에다가 넉넉히 쓰는 사람이 있습니다. 언젠가도 쌀알 한 개에 기다란 장편의 글을 썼다고 하는 기사기 어느 신문에 난 일이 있었습니다마는 신문도 그것을 꿍장히 떠들었었고 독자도 모두 탄복한 바입니다. 쌀알 한 개에 일천 몇 백 자가 쓰이어 있다고.

그것은 확실히 꿍장한 일입니다. 그렇게 작은 쌀 알갱이에 일천 몇 백자를 쓴다는 것 같은 일은, 사람의 재주로는 있을 수 없는 것 같습니다. 그러나 자세히 살피어 보면은, 우리의 먹는 쌀에는 한 알갱이 한 알갱이에, 일천 몇 백은 고사하고 몇 만 몇 억이나 되는 글짜가 쓰이어 있습니다. 이상한 일이지만, 그것은 신문에도 나지 않고, 여러분도 주의가 미치지 않은 듯합니다. 그러나, 백 자를 쓴다, 천 자를 쓴다 하는 것이 신문에 날 만큼 꿍상한 일이라면, 몇 만 몇 억의 글짜가 쓰이어 있다는 것이 훨씬 더 꿍장한 일이 아니겠습니까?

그러면, 여러분은 이렇게 생각할는지 모르겠습니다. "신문에 난 기사는 사람이 정말 쓴 것이겠지마는, 지금 말하는 것은 정말 사람이 쓴 것이 아니라, 거저 풍을 쳐서 하는 말이겠지, 풍쳐서 하는 말은 정말이 아니야." 아마 이렇게들 생각하겠지요. 그러나, 이것은 결코 풍치는 말은 아닙니다. 정말로 사람이 피와 땀으로 쓴 것입니다.

여러분은 쌀알을 잘 살펴본 일이 있습니까? 날마다 밥을 먹을 때에, 오늘은 밥이 되다는 둥, 질다는 둥, 맛이 있다는 둥, 맛이 없다는 둥 갖은 소리를 하는 것이 예사이지마는, 한 개의 쌀알을 참으로 잘 살펴본 일은 없을 것입니다. 한번 손ㅅ바닥에다 쌀알을 올려놓고 잘 살피어 들여다보시오. 한 개의 쌀알에는 몇 만 몇 억이 될찌 알 수 없는, 정말, 정말 땀과 피로 물들인 글짜가 함빡 쓰이어 있습니다. 만일 그것이 아니 보이는 사람이라면, 그는 눈이 있어도 눈뜬장님밖에 못 되는 사람입니다.

잘 생각하여 보시오. 단 한 개의 쌀알이라도, 그것이 되어 나올 때까지에는 일 년이 걸립니다. 그 일 년ㅅ 동안 쌀을 만들어 내는 사람은 얼마만큼이나 애를 쓰며, 얼마나 많은 사람의 손이 갔을까? 말 쉽게 사람의 손이라고 하지마는 농부들은 다만 손을 놀릴 뿐이 아닙니다. 논밭을 갈고 곡식을 심고 하는 데는, 장기니, 호미니, 광이 같은 여러 가지 농기가 듭니다. 그 여러 가지 농기들은 누가 만든 것일까요? 이렇게 자꾸 자꾸 생각하여 보면 쌀이 되어 나올 때까지에는 농부들의 힘만이 아닌, 장기니, 호미니, 광이니 그 밖의 여러 가지 제구를 만든 여러 사람의 애쓴 힘도 물론 들었다는 것을 알아야 합니다.

아니, 그뿐이 아닙니다. 그 장기나, 호미나, 광이들의 재료가 되는 쇠붙이나 나무는 어디서 누가 가져온 것일까요? 또 더욱 중요한 것은 곡식이 씨앗으로부터 나고, 자라고, 익을 때까지의, 땅에 대한 관계는 어떠한가, 해와는 어떠한가, 비와는 어떠한가… 이와 같이 하나씩 생각하여 가고 보면, 단 한 개의 쌀알일찌라도 그 한 개의 쌀알에는 몇 천 몇 만이나 되는 사람의 노력이 들어있으며, 사람뿐이 아니라, 하늘과 땅과의 인연까지 많이 가지고 있는 것입니다.

쌀알 한 개가 우리의 입에 들어오는 것은, 그것은 몇 만 사람의 애쓴 피가 우리의 입에 들어오는 것입니다. 아니, 이루 혜아릴 수 없는 천지의 공덕이 우리의 입에 들어오는 것입니다. 그것이 우리의 피가 되고 살이 되어 우리를 길러주는 것입니다. 우리가 숨을 쉬고 있는 한, 우리의 염통이 뛰고 있는 한, 알지 못하는 여러 사람의 피와 땀이 얼마나 우리의 몸 안에서 일하여 주고 있습니까? 또한 하늘과 땅이 얼마나 우리의 몸을 길러주고 있습니까?

쌀알 한 개의 무게는 실로 태산과 같습니다. 여러분은 한번 쌀알을 손ㅅ바닥에 올려놓아 보시오. 일부러 쌀ㅅ뒤주에서 꺼내지 않더라도 좋습니다. 끼니때 밥상에 떨어진 밥알이라도 좋을 것입니다. 그 밥알 한 개를 손ㅅ바닥에 올려놓고 가만히 그 무게를 혜아리어 보시오. 그 무게를 깨닫게 되면, 자기 스스로 그 쌀알에 쓰이어 있는 무수한 글짜가 보일 것입니다.

5. 화가 유덕장(劉德章)

　유덕장은 어려서부터 그림을 좋아하여, 부형이 글씨를 쓰라고 종이를 주면, 글씨는 아니 쓰고, 대를 그리기에 열씸이었습니다. 그 아버지가 성을 내어 매를 때렸더니, 덕장이 앉아서 한참 울다가, 책상에 떨어진 눈물을 손톱으로 튀기니 튀기는 대로 대ㅅ잎이 되는데, 낱낱이 신통한 그림이 되었습니다. 그 아버지가 이것을 보고 한탄하면서,

　"너는 천생 그림장이라, 내가 억지로 이것을 금지하는 것이 옳지 아니하다."

하고, 그 뒤부터는 그림 그리는 것을 가만두었더니, 마침내 유명한 화가가 되었습니다.

6. 어린 용사

소　파

"전교 생도는 운동장으로 모여라."

하는 교장 선생님의 명령이 벼란간에 내리었습니다.

"하학하여 돌아갈 시간인데, 무슨 일인가? 무슨 일인가?"

하고, 팔백여 명 생도가 궁금한 생각으로 수군수군하면서, 운동장 복판에 각 반마다 열을 지어 늘어섰더니, 한 열에 선생 한 분씩이 달려들어, 끝에서부터 차례로 생도들의 호주머니를 뒤기 시작하였습니다.

생도 중에 담배 먹는 못된 버릇이 있다고 소문이 돌아서, 담배 가진 생도를 찾아내려고 조사하는 것이었습니다.

조사는 끝났으나, 담배 가진 생도는 한 사람도 들추어나지 않고, 다만 운동장 한편 담 밑에 누가 던지었는지 아까까지 없었던 담배 한 갑이 떨어져 있는 것이 발견될 뿐이었습니다.

교장 선생은 그 담배를 받아 들고 엄숙한 말로, "누구든지 이 담배를 내어던진 사람은 내 앞으로 나오니라."

하였습니다. 그러나, 아무리 나오라 하여도 시간만 헛되이 지나갈 뿐이요, 저녁때가 되도록 아무도 나오는 사람이 없었습니다.

"차려"를 하고 서서 두 시간 반, 다리는 부러질 듯이 아픈데 해는 서산을 넘어 마당에는 어두운 그늘이 덮였습니다. 그래도 나서는 사람은 아무도 없었습니다.

"어느 때까지든지 담배를 버린 사람이 떳떳이 나오기 전에는 밤을 새어도 해쳐 보내지 않을 터이다."

이 엄격한 교장의 말에 생도들은 물론이요, 선생들까지도 놀랐습니다.

"누구든지 버린 사람이 얼른 나와야지, 한 사람 때문에 모두 벌을 당한단 말이냐?"

고 수군거리었습니다. 그래도 나서는 사람은 없었습니다.

그때, 어둑컴컴하여져 가는 그때에 한 생도가 뚜벅뚜벅 교장 선생의 앞에 나아가서,

"제가 버리었습니다."

하고, 공손히 서 있었습니다.

누군가 하고, 그 많은 사람들의 눈이 그에게로 쏠리었습니다. 머리 큰 장난꾼 생도일 줄 알았더니, 천만뜻밖에 어리디 어린 품행 얌전한 소년이었습니다.

"정말 네가 버리었느냐?"

교장은 다정히 물었습니다.

"예, 제가 버리었습니다."

대답은 분명하였습니다.

"그러면 담배가 몇 개 들었느냐?"

이렇게 캐묻는 교장의 말에 소년은 대답을 못하였습니다.

"왜 네가 버리지 아니한 것을 네가 버렸다고 하느냐?"

"저 한 사람만 벌을 주시고 다른 생도들을 곧 돌려보내 주십시오. 여러 사람이 모두 배가 고프고 다리가 아파서 더 오래 섰을 수

鄭
寅
承 編

가 없겠습니다."

소년의 말끝은 떨리었습니다.

"아아, 귀여운 용사로구나!"

하고, 교장은 달려들어 소년의 손을 쥐었습니다. 그리고 한층 높고 큰 소리로,

"이 어린 생도는 다른 여러 생도를 일찍 돌아가게 하기 위하여 남의 죄에 자진하여 나온, 훌륭한 용사이다. 여러 사람을 구원하기 위하여 자기 한 몸의 고생을 달게 받는 것을 희생이라고 한다. 이 세상에 희생의 정신보다 더 거룩한 정신은 없는 것이다."

하고, 곧 해산을 명령하여 여러 생도를 돌려보냈습니다.

맨 나중에 혼자 남아서 교장의 앞에 가서 눈물을 흘리는 생도가 있었으니, 그는 소년의 희생의 정신에 감동되어 담배 버린 것을 자백한 생도이었습니다.

7. 나귀의 꾀

이 소 프 2)

鄭寅承 編

　소금 장수가 나귀에 소금을 실리고 장으로 가는 길에 내ㅅ물을 건너게 되었습니다. 짐이 무거워 기를 써서 건너가던 나귀는 어쩌다 발을 헛디디어 물 가운데서 자빠졌습니다. 한참 애를 쓰다가 일어나 보니, 소금이 많이 녹아버렸으므로, 짐이 매우 가벼워졌습니다. 그러나 주인은 할ㅅ 수 없이 다시 소금을 사러 가서 얼마 뒤에 또다시 그 내를 건너게 되었습니다. 나귀는 전ㅅ번에 자빠짐으로 인하여, 그 무겁던 짐이 갑자기 가벼워진 것을 생각하고, 이번에는 일부러 넘어졌습니다. 그리고 코웃음을 치면서 일어났습니다.

　이것을 보고, 주인은 속으로

"오냐, 이놈, 어디 견디어 보아라."

하고, 다음ㅅ번에는 해면을 한 바리 지이고, 그 내를 건넜습니다.

　미련한 나귀는 또 넘어지고, 신이 나서 머리를 끄덕이며 일어나 본즉, 어찌 된 영문인지, 아주 천근 같이 무거워졌습니다. 나귀는 해면이 물을 빨아들이는 것까지는 몰랐던 것입니다.

---

2) (엮은이) 원문에는 저자가 표기되어 있지 않으나 목차에 '이솝'의 작품이라고 표시되었으므로 여기에도 살려 적었다.

8. 재미있는 이야기

一

공자가 마차를 타고 어디를 가는데, 길 가운데서 어떤 아이가 흙으로 성을 쌓고 있더랍니다. 차부가

"길을 치워라!"

하니까, 아이의 말이

"마차가 성을 피하여 가지, 성이 마차를 피한단 말이요?"

하였습니다. 공자가 듣고 보니 기특한 말이라.

(공자) "네가 어린아이로, 어떻게 그런 이치를 아느냐?"

(아이) "아무리 어린아이라도, 이치는 이치이니, 모를 까닭이 없습니다."

(공자) "그러면, 네가 하늘도 아느냐?"

(아이) "사람이 어떻게 하늘을 알겠습니까? 눈앞의 일도 잘 모르는데."

(공자) "눈앞의 일이야 모를 리가 있느냐?"

(아이) "그러면, 선생님은 눈앞의 일을 다 아십니까?"

(공자) "눈앞에 있는 것이야 모르지 않겠지."

(아이) "그러면 선생님의 눈썹이 몇 개오니까?"

공자가 껄껄 웃고, 그 아이의 슬기를 칭찬하더랍니다.

鄭
寅
承
編

二

숙질이 한 학교에서 공부를 하는데, 아주비 되는 아이가 조카더러,

"너는 책은 아니 보고 한눈만 팔고 있니?"

(조카) "아저씨는 왜 한눈을 파시오?"

(아주비) "내가 언제 한눈을 팔았니?"

(조카) "아저씨가 한눈을 팔지 않았으면, 내가 한눈을 팔았는지, 두 눈을 팔았는지 어떻게 보셨단 말이요?"

아주비가 눈을 휘둥그렇게 해 가지고, 손을 내저으면서, 하는 말이,

"이애, 그런 말, 집에 가서 옮기지 말아라, 얘!"

三

(서양 사람) "너희 나라 사람은 아주 더럽다더구나."

(중국 사람) "어째서 더럽단 말이냐?"

(서) "아침에 일어나는 길로 세수도 아니한다니, 더럽지 아니하냐?"

(중) "그러면 너희들은 아침에 일어나는 길로 곧 세수부터 하느냐?"

(서) "물론 그렇지, 누구든지 아침에 일어나면, 곧 세수 아니하

는 사람이 없는 것이다."

(중) "허허! 너희 나라 사람은 참 세수에 미친 사람들이로구나. 우습고도 이상하다. 우리나라 사람들은 아침에 일어나면, 세상 없어도, 옷부터 먼저 입고야 세수를 한다."

서양 사람 코가 납작.

9. 확실한 대답

鄭寅承 編

　어느 날, 시인 이소프가 길에서 어떤 길ㅅ손 하나를 만났습니다. 그 길ㅅ손은 이소프더러

　"요 다음ㅅ 동네까지 가려면 몇 시간이나 걸리겠소?"

하고 물었습니다. 이소프는

　"그저 가시오."

하고 대답하였습니다. 길ㅅ손은 이상스러운 눈으로 쳐다보면서,

　"그저 갈 줄은 나도 아오. 걸어가는데 시간이 얼마나 걸리겠느냐는 말이요."

하고 따져 물었습니다. 이소프는 여전히

　"그저 가시오."

할 뿐, 별다른 대답을 아니하였습니다. 그러니까, 길ㅅ손은 화를 벌컥 내면서,

　"예끼! 미친 녀석이로군."

하고 욕을 하고는, 다시 묻지 아니하고, 그대로 걸어가고 있었습니다. 두 사람의 발은 한 스무남은 걸음이나 걸었을 때, 이소프는 그 길ㅅ손을 부르면서,

　"당신이 그 동네까지 가려면, 세 시간은 걸리겠소."

하고 말해주었습니다. 길ㅅ손은 내었던 화를 풀고서, 은근하게 묻는 말이,

"당신이 아까 가르쳐 주지 않고 이제 가르쳐 주는 것은 무슨 까닭이요?"

하였습니다. 이소프는 웃으면서,

"당신의 걸음이 얼마만큼 빠른지 알지 못하고는, 시간이 얼마만큼 걸릴찌 확실한 대답을 할 수가 없기 때문이요."

하고 말했습니다.

길ㅅ손은 새삼스럽게 이소프의 확실한 대답에 감복하여 몇 번이나 치사를 하고 갔습니다.

10. 콜롬부스의 달걀

鄭
寅
承
編

　서양에 "콜롬부스의 달걀"이라는 속담이 있습니다. 이 속담은 "남의 한 일을 본뜨기는 쉬워도, 남의 아니 해 본 일을 처음으로 하기는 어렵다"는 뜻으로 하는 말입니다. 이 속담의 생긴 내력을 말하면 이러합니다.

　콜롬부스가 천신만고하여 아메리카 대륙을 발견한 뒤, 본국에 돌아온즉, 본국 정부에서는 그 사업의 성공을 축하하기 위하여 콜롬부스를 대접하는 큰 잔치를 베풀고 나라의 여러 대신과 명사들이 모이었더랍니다.

　그런데, 그 여러 사람 가운데, 콜롬부스의 명예를 시기하는 사람이 있어서, 그 옆의 사람에게 소군거리는 소리로,

　"콜롬부스가 아메리카를 발견한 것은 그렇게 놀라운 일이 못 되오. 있는 것을 발견한 것은 예사로운 일이지, 그게 무슨 대단한 공적이며 놀라운 영예가 되잘 것이 있나요?"
하였습니다.

　콜롬부스는 이 얄미운 말ㅅ소리를 듣고도, 못 들은 듯이 천연스러이 앉은 대로, 신발견한 땅의 모든 형편을 저저이 이야기하고 있었습니다. 이야기를 마친 뒤에 상 위에 놓여 있는 달걀 한 개를

집어서 여러 사람에게 보이면서,

"여러분, 이 달걀을 이 상 위에다가 세워 놓을 수가 있습니까?"
하고, 물었습니다.

그러나, 여러 사람은 다만 얼굴을 서로 쳐다보고만 있을 뿐, 아무도 대답하는 이가 없었습니다.

그래, 콜룸부스는 그 달걀의 한쪽 궁둥이를 상 위에다가 탁 쳐서 옴쑥하게 찌부러뜨려 가지고 딱 세워놓았습니다. 그리고는, 여러 사람에게 이렇게 말을 하였습니다.

"여러분, 나는 이와 같이 달걀을 세웠습니다. 그러나, 여러분은 이것을 보고, '그게 무어야, 그런 것쯤이야 아무라도 하겠다'고 생각하시겠지요. 내가 아메리카를 발견한 것도 이와 마찬가지입니다. 만일 아메리카 발견이 아무나 하기 쉬운 일이라면 왜 나보다 먼저 발견을 못 했을까요? 남의 해놓은 뒤에 그것을 보면, 세상에 하기 어려운 것이 없습니다. 그렇지만 남이 하기 전에는 어떠합니까?"

온 방 안 사람들은 아무 말도 못하였습니다.

"콜룸부스의 달걀"이란 것은 이때부터 생긴 속담입니다.

11. 속담

鄭
寅
承
編

가는 말이 고와야 오는 말이 곱다.
가던 날이 장날이라.
같은 값에 다홍치마라.
개구리도 옴쳐야 뛰어간다.
개천에서 용이 났다.
공든 탑이 무너지랴?
구슬이 서 말이라도 꿰야 보배라.
금강산도 식후의 경치라.

나중 난 풀이 우뚝하다.
노루 꼬리 길면 얼마나 길까?
누울 자리 보고 다리 뻗으랬다.
느릿느릿 걸어도 황소걸음이라.

닫는 말도 채찍을 쳐라.
달다고 삼키고 쓰다고 뱉으랴?
되로 주고 말로 받는다.

두 손뼉이 맞아야 소리가 난다.
뚝배기보다 장맛이 좋다.
등잔 밑이 어둡다.

말 많은 집은 장맛도 쓰다.
먼 일가보다 가까운 친구가 낫다.
모난 돌이 정을 맞는다.
물이 깊어야 고기가 모인다.
물은 트는 대로 흐른다.

발 없는 말이 천 리 간다.
백지ㅅ장도 맞들면 낫다.
범에게 물려 가도 정신만 차리면 산다.
범의 굴에 들어가야 범의 새끼를 잡는다.
보기 좋은 떡이 먹기도 좋다.
부뚜막의 소금도 집어넣어야 짜다.
불 안 땐 굴뚝에 연기 나랴?

살강 밑에서 숟가락 얻었다.
세 살ㅅ 적 버릇이 여든까지 간다.
소 잃고 외양ㅅ간 고치기라.
시작이 반이라.

아는 길도 물어 가랬다.
열ㅅ 길 물속은 알아도, 한 길 사람 속은 모른다.

열ㅅ 번 찍어 아니 넘어가는 나무가 없다.
열ㅅ 사람이 백 말을 하여도, 듣는 이의 짐작이 있다.
우물 안의 고기는 바다를 모른다.
우물을 파도, 한 우물을 파라.
입에 쓴 약이 병에는 좋다.

자라 보고 놀란 가슴 소댕 보고 놀란다.
잘 자랄 나무는 떡ㅅ잎부터 안다.
접시ㅅ 밥도 담을 탓이라.
제비는 작아도 강남을 간다.
족제비 잡아 꽁지를 잘랐다.
좋은 노래도 너무 들으면 싫다.
쥐구멍에도 볕 들 날이 있다.

참새가 방아ㅅ간을 거저 지내랴?
첫술에 배부를 수 있나?
초록은 한 빛이요, 가재는 게 편이라.
칡넌출도 벋어가는 한이 있다.

칼 물고 뜀뛰기라.
칼날 쥔 놈이 자루 쥔 놈을 당할까?
콩 심은 데 콩 나고 팥 심은 데 팥 난다.
크고 달고 값싼 참외.
키 작은 사람이 담대하다.

鄭寅承 編

타고난 재주 하나씩은 사람마다 있다.
태산이 높다 하되, 하늘 아래 메로다.
터를 닦아야 집을 짓는다.
토끼 둘을 쫓다가는, 하나도 못 잡는다.
틈 난 돌이 깨지고, 금 간 독이 터진다.
티끌 모아 태산이라.

팔백 냥으로 집을 사고, 천 냥으로 이웃을 산다.
팔이 들이굽지 내어 굽나?
편한 개 팔자 부럽지 않다.
풋고추에 절이김치라.
풍년에는 흉년 생각을 하라.
핑계에 닭 잡아먹고, 오리발을 내놓는다.

하늘이 무너져도 솟아날 구멍이 있다.
하룻밤을 자도 만리성을 쌓으랬다.
허울 좋은 하눌타리.
혹 떼러 갔다가, 붙이고 온다.
흥정은 붙이고, 싸움은 말리랬다.

12. 수수께끼

鄭
寅
承
編

1. 짐이 들 때는 무겁고 내릴 때는 가벼운 것이 무엇?

2. 등 위에 배꼽 달린 것이 무엇?

3. 등에 뿔 난 것이 무엇?

4. 마를쑤록 무거워지는 것이 무엇?

5. 늙을쑤록 살찌는 것이 무엇?

6. 늙어가면서 이가 나는 것이 무엇?

7. 일할 때는 모자를 벗고, 쉴 때는 모자를 쓰는 것이 무엇?

8. 아우는 형의 집에 들어가도, 형은 아우의 집에 못 들어가는 것이 무엇?

9. 위에서는 두 놈이 산술 공부를 하고, 아래에서는 한 놈이 그네 뛰는 것이 무엇?

10. 등은 앞으로 두고, 배는 뒤로 둔 것이 무엇?

[대 답]

① 숟가락. ② 소댕. ③ 지게. ④ 늙은이 다리. ⑤ 도배한 벽. ⑥ 버들고리. ⑦ 만년필. ⑧ 그릇. ⑨ 괘종. ⑩ 정갱이와 장딴지.

13. 애국가

동해 물과 <u>백두산</u>이 마르고 닳도록
하느님이 보호하사 우리나라 만세.
　무궁화 삼천 리 화려한 강산
　<u>대한</u> 사람 <u>대한</u>으로 길이 보전하세.

남산 위의 저 소나무 철갑을 두른 듯
바람 이슬 불변함은 우리 기상일쎄.
　무궁화 삼천 리 화려한 강산
　<u>대한</u> 사람 <u>대한</u>으로 길이 보전하세.

이 기상과 이 맘으로 충성을 다하여
괴로우나 즐거우나 나라 사랑하세.
　무궁화 삼천 리 화려한 강산
　<u>대한</u> 사람 <u>대한</u>으로 길이 보전하세.

14. 한글 노래

고　　루3)

鄭寅承 編

세종 임금 한글 펴니, 스물여덟 글짜
사람마다 쉬 배워서 쓰기도 편하다.
슬기에 주린 무리, 이 한글 나라로
모든 문화 그 근본을 밝히러 갈꺼나.

온 세상의 모든 글씨 견주어 보아라.
조리 있고 아름답기 으뜸이 되도다.
슬기에 주린 무리, 이 한글 나라로
모든 문화 그 근본을 밝히러 갈꺼나.

오래ㅅ동안 묻힌 옥돌 갈고 또 닦아서,
새 빛 나는 하늘 아래 골고루 뿌리세.
슬기에 주린 무리, 이 한글 나라로
모든 문화 그 근본을 밝히러 갈꺼나.

---

3) (엮은이) 원문에는 저자가 표기되어 있지 않으나 목차에 '고루'의 작품이라고 표시되어
있으므로 여기에도 살려 적었다.

15. 어릴ㅅ 적 마음

노   산

봄은 또다시 와, 이 땅을 꾸미네. 오늘 하루도
하늘엔 채색 구름이 수없이 떠 있었네.

동쪽 먼 산 하늘에 구름 두어 점, 석양을 받아,
가막조개 속같이 엷게 붉었네.

기어 다니는 저 구름을, "하늘누에"라 하랴? "달팽이"라 하랴?
어릴ㅅ 적 내 타고 놀던 "강아지"라고나 하랴?

손ㅅ길 치며 "오요요…" 부르고 싶은 마음, 아름다와라,
구름을 바라보며, 내 옛 마음 귀여울러라.

16. 구멍 뚫린 고무신

여　심

鄭寅承編

　일 년 내내 다 가도, 겨울도 없고, 봄도 없고, 가을도 없고, 오직 무더운 여름만 있는 남쪽 나라, 거기에는 빠나나, 파이내플, 비파 따위 맛 좋은 실과나무가 무럭무럭 자라나는 나라입니다. 그 땅을 가리켜 남양이라고 하지요. 남양에는 섬이 많습니다. 가없는 망망 대해에 쫄망쫄망한 섬이 대여섯 개씩 머리를 뾰족뾰족 내밀고 있는 것이 마치 숨바꼭질을 하는 것 같습니다.

　파란 바다ㅅ물이 찰락찰락 넘나드는 해변에는 눈같이 흰 모래 밭에 쭉 깔려 있고, 그 뒤에는 껑충껑충 하늘 닿게 키 큰 야자나무 들이 선선한 바람을 맞아 너울너울 춤을 추고 있습니다. 바로 그 뒤로는 널따란 평야에 고무나무 밭이 무성해 있습니다.

　이 고무나무 한편 구석에, 한날한시에 두 개의 조그마한 고무나 무가 흙을 뚫고 땅 밖으로 솟아 올라왔습니다.

　"야, 세상이란 너르기도 하구나!"

하고, 한 고무나무가 손뼉을 치면서 소리쳤습니다. 다른 고무나 무는 눈을 비비면서,

　"아이구, 세상이란 어떻게도 밝은지, 눈이 부시어 눈을 뜰 수가 없구나. 땅ㅅ속은 그렇게도 어둑컴컴하더니!"

하고 중얼거리었습니다.

이 어린 두 나무의 말을 듣고 큰 나무들은 "하하" 하고 웃었습니다. 그들은 세상에 나온 지 오래인만큼, 이 두 어린 나무의 순진스러움을 비웃는 것입니다. 그 큰 나무들은 모두들 제가 제일 잘난 체하고 뽐내기를 좋아하였습니다.

영양분 많은 땅ㅅ속에 깊이 뿌리를 박고 신선한 공기를 마음껏 마시며, 따스한 해빨에 매일 목욕하는 두 어린 고무나무는 흠씸흠씬 자라났습니다. 키도 크고, 잎사귀도 벋고, 몸도 통통해 가지고, 그리고 목이 너무 말라서 답답할 때쯤이 되면, 마음씨 좋은 구름 할머니가 훨훨 날아와서, 주룩주룩 비를 한참씩 내려보내 주면, 고무나무들은 잎사귀를 허울허울 춤을 추면서 상쾌하게 목욕을 하는 것이었습니다.

이리하여 여름, 또 여름, 또 여름, 여름만으로도 몇 해가 어느덧 지나가 버렸습니다. 의좋은 두 고무나무는 마치 쌍동이 자라듯 꼭같이 무럭무럭 자라서, 인제는 아주 어른 나무들이 되었습니다.

그랬더니, 이런 슬픈 일이 있습니까? 어떤 날 하루 온종일 몸이 숯덩이처럼 까만 벌거벗은 토인 하나가 뾰족한 칼을 들고 다니면서 나무껍질을 쭉쭉 벗깁니다. 그 통에 쌍동이 나무의 아우 나무도 그만 "아야"ㅅ 소리를 지르며 가죽이 쭉 찢어졌습니다. 그러나 웬일인지, 형 나무는 가죽을 찢지 않고 그냥 지나가 버렸습니다. 아우 나무의 몸으로부터 찐득찐득한 피가 줄줄 흘러내렸습니다. 그 피는 나무 밑둥까지 와서 거기 놓여 있는 양철 그릇에 가득히 괴었습니다.

사랑하는 동생의 몸에서 피가 줄줄 내리는 것을 보는 형님 나무는 마음이 몹시도 아팠습니다마는 어쩔 수 없는 일이었습니다. 그 아픈 상처를 좀 어루만쳐라도 주고 싶었지마는, 나무는 바람이 오지 않으면 잎사귀도 마음대로 움직이지 못하는 것이므로, 할ㅅ 수 없이 애만 태우고 있었습니다.

그러자 이 불쌍한 처지를 본 바람님이 해변으로부터 슬슬 날아와서 형 나무의 잎사귀를 흔들흔들 흔들었습니다. 그러니까 형 나무 잎사귀는 팔이 미치는 데까지 아우 나무의 상처를 살살 문질러 주었습니다. 그랬더니 그 상처도 곧 아물어 버리고, 아우 나무도 다시 건강한 나무가 되었습니다.

그러나, 아우 나무로부터 흘러내려 통에 가득히 찬 피ㅅ덩어리는 어떤 날 검둥이 사람의 손에 붙들려서 어디론가 가게 되었습니다. 그것을 보내는 쌍둥이 나무는 아무 말도 못하고 묵묵히 눈물만 흘렸습니다.

가는 방향도 모르고 붙들려 온 피ㅅ덩어리는 어디론가 한참 가서 다른 여러 고무나무의 피ㅅ덩어리들과 한데 뭉쳐졌습니다. 그래 커다란 덩어리가 되어 가지고 커단 통에 들어앉았습니다. 사람들이 그 통을 메어다가 집채같이 큰 배의 움ㅅ 속에 들이밀었습니다.

고무 덩어리는 큰 배를 타고 쿵쿵쿵 하면서 밤낮 열흘을 갔습니다. 그리고는 배에서 내려서 다시 기차를 타고 풍풍 식식 하면서 또 이틀을 갔습니다. 기차에서 내려서는 다시 화물자동차를 타고 한 시간가량이나 가더니 어떤 고무신 공장 마당에 쿵 하고 떨어졌습니다. 그동안을 고무 덩어리는 어두운 통ㅅ 속에서 잠만 자고 있었습니다. 그가 잠자고 있는 동안에 자기 몸이 남양을 떠나 조선으로 온 줄은 꿈도 못 꾸고 있었겠지요. 마침내 그들을 담은 통 뚜껑이 열렸습니다.

"아이구, 여기가 어디야?"

하고, 고무 덩어리들은 처음으로 <u>조선</u> 구경을 하는 기쁨에 숨이 막힐 지경이었습니다. 그러나, 참으로 오래간만에 바깥 바람을 쐬는 기쁨도 잠깐이고, 그들은 곧 다시 어둑컴컴한 공장 속으로 들어가서, 이글이글 끓는 가마 속으로 던지어졌습니다. 가마 속에서 구역질이 나는, 고약한 약과 함께 섞이어 얼마를 돌아가다가 거기서 나와서 핑글핑글 도는 롤러 사이를 비집고 나오니, 그 고무는 넓적넓적한 판대기처럼 되었습니다.

이 고무 판대기들은 크고 작게 잘리어 가지고, 꽃 같은 여자 직공들이 줄을 지어 서 있는 공장으로 나아갔습니다. 영양 부족에 걸리어 얼굴빛이 노랗게 된 여자들이 둥쳐 서서, 서로 떠밀고 아우성을 치면서, 한 조각씩 얻어가려고 싸움을 하는 것을 볼 때, 고무는 그만 마음이 섬적했습니다.

우리 불쌍한 고무 판대기는 마침내 꾀꾀 마르고 비틀비틀하는 어떤 여자에게 붙잡혔습니다. 그 여자는 나는 듯이 자기 자리로 가 앉더니, 번개같이 빠른 솜씨로 고무신을 붙입니다. 고무신 한 짝을 붙이어 놓자, 그 여자의 어머니 되는 늙은 할머니가 젖먹이 어린애를 업고 왔습니다. 고무신을 붙이던 색시는 일을 그치고, 그 아이를 받아 안고, 가슴을 헤쳐, 젖꼭지를 갖다 물려주었습니다. 그러나, 아기는 몇 모금 빨지 않아 젖이 말라 안 나오기 때문에, 젖꼭지를 놓고, "으아" 울기 시작했습니다. 색시는 아기를 이 젖 저 젖으로 자꾸 옮겨 물리면서 젖을 눌렀으나, 젖은 시원히 나오지 않아 아기는 그냥 울기만 합니다. 힐 수 없이 할머니가 와서, 우는 아기를 도로 업고 나갔습니다. 배고파 우는 아기의 안타까운 울음ㅅ소리가 차차 멀어집니다. 색시의 눈에서도 구슬 같은 눈물이 뚝뚝 떨어첫습니다. 이 광경을 보는 고무신은 기가 막혔습니다마는, 자기도 어찌할 수가 없어서 그냥 그 더럽고 냄새 나는 상 위에 묵묵히 앉아 있었습니다.

그 이튿날 이 고무신은 흰옷 입은 사람들이 많이 왔다 갔다 하는 큰 길ㅅ거리에 나앉았습니다. 이 거리 구경이야말로, 고무신은 꿈도 못 꾸었던 장관이었습니다. 어찌나 빈잡하고 현황4)스러운지, 처음 얼마ㅅ 동안은 정신을 차릴 수가 없었습니다. 여러 사람이 신을 사러 와서, 이 고무신을 들고 보다가는,

"신도 못 되게 지었다."

하고는 도로 놓고, 그 옆에 있는 다른 신을 사 갔습니다. 이 고무신은 사 가는 사람이 없어서, 여러 달을 그 자리에 우두머니 앉아 있었습니다. 자기 옆으로는, 그동안에도 벌써 여러 동무들이 팔려 가고, 새 동무가 왔다가 또 팔려 가고 했으나, 이 신은 팔려 가지 못하고, 그냥 굴리다니었습니다. 주인도 마지막에는 골이 나서,

"이 신은 내버릴 수도 없고 어쩐담!"

하고 한탄하였습니다.

이 불쌍한 고무신은 참으로 슬펐습니다. 그랬더니, 마침 그날, 어떤 더러운 옷 입은 노동자 하나가 들어와서 그 신을 잡았습니다.

"이 신이 얼마요?"

"그까지ㅅ 것 밑져서 팔지요. 오십 전만 내시오."

이리하여 아무도 원하지 않던 이 신도 마침내 팔리어 갔습니다. 이 신을 사 간 노동자는 이 고무신을 퍽 귀애했습니다. 그래서 그해 겨우내 신고, 또다시 봄내 신어서, 한편 구석이 찢어졌습니다.

---

4) (엮은이) 현황: 정신이 어지럽고 황홀함.

그러나 노동자는 그 신을 내버리지 않고, 찢어진 자리를 실로 꿰매어 다시 신었습니다. 고무신은 자기 주인이 그처럼 귀애해 주는 것이 말할 수 없이 고맙고 또 행복스러웠습니다.

그러나, 가을도 지나가고 겨울이 되었다가 다시 봄이 된 때, 고무신 바닥에는 커단 구멍이 뚫어지고 말았습니다. 그래서, 그렇게 아끼고 귀애하던 주인도 인제는 정말 쓸ㅅ데없다고, 쓰레기통에 내버렸습니다. 구멍 뚫린 고무신은 그 쓰레기통 속에서 혼자 엉엉 울었습니다마는 아무도 위로해 주는 이도 없고 오직 옆에 있는 반찬ㅅ대가리가 듣기 시끄럽다고, 그 큰 눈을 부릅뜨고 바라다 볼 뿐이었습니다.

며칠 후에, 그 구멍 뚫린 고무신은 다시 그 쓰레기통을 떠나 화물 자동차를 타고 한참 가 보니, 거기는 인가도 없는 넓은 벌판인데, 그 한 귀퉁이에 되는 대로 내버리어젔습니다. 그리고 그 위에는 고약한 냄새가 나는, 더러운 물건들이 숨이 막힐 듯이 쌓여 덮였습니다. 그 밑에서 불쌍한, 구멍 뚫린 고무신은 울고 울어서 눈이 뚱뚱 부었습니다.

며칠을 그렇게 지내느라니까, 비가 몹시 내렸습니다. 비가 내려 오면서, 고무신 위에 덮인, 더러운 물건을 모두 씻어버리고, 고무신을 깨끗하게 목욕시키어 주었습니다. 그리더니, 저도 모르게 고무신은 물결에 휩쓸리어 어디론가 떠내려가고 있었습니다. 굴을 여러 개 지내고 나니까, 커다란 강이 되고, 그 강을 따라 한참 흘러가니까 망망대해가 되었습니다. 사방을 다 돌아보아도 육지가 보이지 않는 넓은 바다 위에서, 구멍 뚫린 고무신은 방향도 모르고 물결이 지시하는 대로 둥둥 떠갔습니다. 하루 가고, 이틀 가고, 한 달 가고, 두 달 가고, 한 해 가고, 두 해 가되, 그냥 육지는 보이지 않고, 사방에 사나운 물결만이 출렁출렁 춤을 추었습니다.

"이러다가는, 내가 고만 물에 빠져 죽고 말지 않을까?"

하고, 구멍 뚫린 고무신은 겁이 나서 죽을 지경이었습니다.

그랬더니, 보십시오. 어떤 날 새벽에 구멍 뚫린 고무신이 눈을 떠 보니, 멀리, 그립고도 낯익은 야자나무가 보이었습니다.

"저 야자나무, 저 야자나무!"

그것은 불쌍한, 이 구멍 뚫린 고무신의 고향이었습니다. 그 야자나무 뒤에는 그리운 형님이 서 있을 것입니다. 고무신은 "형님, 형님!" 하고 불렀습니다마는, 물결 치는 소리가 너무 세어서 들리지 않았습니다. 그리고, 고무신은 발이 없어서 걸어갈 수도 없으므로, 해변에 누운 채, 잠시도 쉬지 않고 고무나무밭 쪽을 바라보았습니다.

그러나, 해변에서 멀리 떨어져 있는 형님이, 이 구멍 뚫린 고무신이 왔다는 것을 알 재주가 없었습니다. 그러자, 세찬 바람과 함께 산떼미 같은 물결이 쏴 하고 몰려오더니, 그 구멍 뚫린 고무신을 물거품 속에 휩싸가지고 다시 넓은 바다 위로 끌고 달아났습니다. 불쌍한 고무신은 놀랍기도 하고, 섧기도 해서, "형님, 형님!" 하고 불렀으나, 물결 소리 때문에 도무지 들리지 않았습니다.

불쌍한 이 고무신은 또다시 고향을 쫓겨나서, 그 넓은 바다 위로 정처도 없이, 물결의 떠미는 대로, 둥둥 떠돌아다니는 신세가 되고 말았습니다. 아마 지금도 그냥 떠돌아다닐 것입니다.

鄭寅承 編

17. 우스운 참새들

이러한 참새도 있습니다.

한 마리인데요. 그것이 여물어 빠진 밭벼 이삭에 가서 옆으로 달라붙었습니다. 그래, 고대로 앞을 두고 매달리니까, 무게에 눌려서 그 이삭이 점점 휘어져갑니다. 그래서, 그 이삭하고 참새하고 가 축 처져 버렸습니다. 마침내 그 이삭이 늘어져서 꽁지가 땅에 닿을 만하니까, 후루루 날아서, 공중에서 포드득거리면서 아주 세상 만난 것 같습니다.

그리다가 또 이삭 끝에 가 매달려서, 처져오면 또 먼저처럼 후루루 날아갑니다. 이 짓을 다만 혼자 백 번 천 번 하고 있습니다. 하릴없는 어린애올씨다.

이것도 먼저ㅅ 것과 같습니다.

참새가 한 마리 수수ㅅ대 끝에 앉았습니다. 참새는 수수 이삭하고 흔들거리고 있었습니다. 바람이 있었습니다. 보고 있자니까, 수수ㅅ대가 중허리에서부터 흔들흔들 흔들거리더니, 바람이 세어졌는지 그 수수ㅅ대가 참새 있는 데서 점점 모로 누워 옵니다. 그래도 참새는 날아가지 않고, 견딜 수 있기까지 눌어붙어서 꼼짝 아니합니다. 그리다가 마침내 몸이 수수ㅅ목하고 수직을 이루게 되

어서 정말 어쩔 수 없게 되면, 겨우 이삭을 떠나서 공중에서 포드
득거리면서 짹짹거립니다. 이런 장난은 여간 짓궂은 장난이 아닙
니다.

그런데, 제일 우습고도 예쁜 것은 <u>청량리</u> 연못에서 멱 감던 참
새이었습니다.

그것은 아마 까치가 뒤ㅅ물하는 것을 보고 그만 비위가 당긴 것
이겠지요. 까치가 찰딱찰딱, 하얀 물ㅅ방울을 흩뿌리면, 참새도 두
세 마리 저쪽 연ㅅ잎 밑에서 바시락바시락합니다. 더운 날, 한ㅅ
여름 고요한 볕을 뒤집어쓰고, 우습다는 듯이 자칫 날개를 물에
담그고 바시락바시락합니다. 마치 물총을 놓는 것처럼 물ㅅ방울
을 튀기면서, 눈이 돌도록 머리를 흔듭니다.

겨울이 되어서, 연못에는 두꺼운 얼음이 얼었습니다. 어느 날 아
침에 우연히 보니까, 참새가 한 마리 잘못 날다가 얼음 위에 떨어
지자, 그냥 쪼로록 미끄러졌습니다. 요것 깨소금이라고, 다시 날개
를 펴 가지고, 조그만 두 다리로 재치 있게 몸을 잦히니까, 쪼로록
나갑니다. 그래, 넘어질 뻔하게 된 때, 질썩을 해서 가장자리 마른
연ㅅ잎에 붙당겼습니다. 짹짹짹.

그랬더니, 또 다른 놈이 그것을 보고 고소했던지, 짹짹짹, 머리
를 소곳한 채 쪽쪼그르르 나가다가 미끄러져서 코방아를 찧었습
니다.

이번에는 또 세째ㅅ 놈이 쪽쪼그르르 나가다가, 세 걸음 만에
미끈덩하여 궁둥방아를 찧었습니다. 짹짹, 짹짹짹.

그래 세 마리 참새는 그만 좋아라고 죽겠답니다. 번갈아서 그저
쪽쪼그르르. 예쁘장스럽기는 한량이 없었습니다.

이런 참새가 모이면, 무슨 큰일이나 생긴 듯이 짹짹짹하고 떠듭니다.

鄭
寅
承
編

어떤 때는 숱하게 처마에 나와서 한 마리가 전보ㅅ줄 위에서 줄 타기 같은 짓을 하면, 그만 좋아서 야단이올씨다.

참새는 천생 재롱장이, 짓구럭이, 우스개장이어서, 맘만 내키면 턱없이 좋아해서, 도대체 죽을 판이올씨다.

鄭寅承編

18. <u>조선</u> 청년의 용단력과 인내력

도　산

방황과 주저가 큰 원수

오늘 <u>조선</u>의 청년들 앞에는 큰 원수가 있습니다. 이것이 무엇인 줄 아십니까? 또 이것을 알면 이것을 쳐 이기려 합니까? 오늘 <u>조선</u> 청년들 앞에 공으로나 사로나 막히어 있는 큰 원수는 곧 "방황" 과 "주저"외다. 할까 말까 하여 "말까"에 머물러 있는 것이 "방황" 이요 주저외다. 이것은 우리에게 무서운 적입니다. 이 적에는 공 적도 있고 사적도 있습니다. 우리는 지금 전 민족적으로 파멸의 지경에 처하여 있습니다. 우리가 만일 급히 덤비지 않으면, 아주 영멸하는 지경에 들어가겠습니다. 그러니, 여기 대하여 앞을 헤치 고 나아가지 않고, 방황하고 주저하고 있는 것은 이것이 "공적"이 외다. 또 사람마다, 자기의 살아나갈 일을 자기가 해야 됩니다. 그 러나, 자기 개인의 살아나갈 일을 자기가 하지 않으면 자기 개인 의 생존까지도 말 못 되는 경우에 빠집니다. 그러니 여기 대하여 알아차리어서 나아가지 않고, 방황하고 주저하여 있는 것이 "사 적"이외다.

옳고 그름을 판단하라

흔히는 저 하는 일이 옳은지 그른지 자세히 몰라서 방황하고 주저합니다. 예를 들어 말하면, 공부하는 것, 농사하는 것, 장사하는 것… 이러한 것들이 우리의 지금 다시 살아날 운동을 하는 데에 맞는가 안 맞는가 하여 방황하고 주저합니다. 심지어 어떤 이는 이러한 것들을 하고 있는 이는 이 운동을 하지 않는 사람이라 하여 비난하고 공격합니다. 그러하나, 비기어 말하면, 그물질하는 사람만을 어업자라 하고, 고기 잡기 위하여 그물을 만들며, 양식을 나르는 사람은 어업자가 아니라고 하겠습니까? 또 총 메고 싸움터에 나선 사람만을 전쟁하는 사람이라 하고, 뒤에 있어서 군기를 만들고 군량을 장만하는 사람은 전쟁하는 사람이 아니라 하겠습니까? 앞에서 직접 행동을 하는 이나, 뒤에서 간접 행동을 하는 이나 다 같은 그 일의 운동자입니다. 그러니, 지금 배울 기회 있을 때에 배우고, 벌이할 기회 있을 때에 벌이하다가, 그보다 더 긴급한 일이 있을 때에는 다 나서는 것이 옳습니다. 그러므로 이 일이 그 운동에 관계가 없는가 하여 방황하고 주저하지 말 것이외다.

방황의 결과는 낙망

이 일이 옳은가 그른가, 이 일을 할까 말까 하여 방황하고 주저하면, 거기는 고통이 생깁니다. 또 결국은 낙망합니다. 낙망은 청년의 죽음이요, 청년이 죽으면 민족이 죽습니다. 나아가면 될 일이라도, 안 나아가서 안 됩니다. 또 낙망한 끝에는 남을 원망하게 되고, 심하면 남을 죽이게까지 됩니다. 이 얼마나 위험한 일입니까? 그리하므로 방황과 주저는 우리의 큰 원수라고 합니다. 또 나의 이 몸을 조선에 바치어 일할까 자기를 위하여 일할까 하여 모호 몽롱한 가운데 있는 이가 많습니다. 이 점에 대하여서도 어느 것이 옳은지 분명히 판단할 필요가 있습니다. 한 가지 분명히 할 것은, 공부도, 농사도, 장사도 아무것도 아니하고, 놀고, 입고, 먹고, 떠돌아다니면서 방황하는 것은 아무 이익이 없고, 다만 큰 해독만 끼치는 것이외다. 또 언제든지 다 배워 가지고, 다 벌어 가지고, 나아가서 일한다고 하면, 큰 잘못이외다. 배우는 이나 벌이하는 이가 다 조선을 위하여 힘닿는 데까지 배워 나아가고 일하여 나아가면 되는 것입니다.

깨달은 바를 용단하라

남이야 알건 모르건, 오늘 조선의 청년 된 이는 조선 민족을 위하여 무엇을 어떻게 할꼬? 를 스스로 연구하고 참고하여 옳다 하는 바에 뜻을 세우고, 그 세운 바를 다른 사람에게 선포하여 함께 나아갈 것이외다. 이것이 오늘 조선 민족의 다시 살아날 길이외다. "무엇이 옳다고 생각나거든 그것을 곧 붙잡으라. 그렇지 아니하면 큰 기회를 놓치나니라." 이 말은 우리가 늘 가지어 둘 말이외다. 일에 대하여 도덕적과 이해적으로 헤아려 보아, 선하고 이하거든, 이하되 공공한 이가 되거든, 그렇게 하기를 용감히 결딴할 것이외다. 이 용단력이 없으면 대개는 방황 주저하게 됩니다. 또 목하에 안 될 것만 보지 말고, 장래에 될 것을 헤아리어 순서를 밟아 나아갈 것이외다. 한번 놓친 기회는 대개는 다시 얻기 어렵게 되는 법이외다.

끝까지 참는 힘을 기르라

오늘 <u>조선</u>의 환경은 사회 도덕 방면으로든지, 경제 방면으로든지 모두 심히 어렵습니다. 이러한 어려운 환경에서 이것을 헤치고 나아가려면, 참고 견디는 힘이 있어야 하겠습니다. 그러므로, 이러한 비관과 낙망할 만한 처지에 있는, 오늘 <u>조선</u>의 청년은 특별히 인내력을 길러야 되겠습니다. 그래서, 첫째, 옳다 하는 일에 밝은 판단을 내리고, 둘째, 판단한 일을 끝까지 잡고 나아가야 되겠습니다. 그러면 성공이 있습니다. <u>조선</u> 청년의 방황과 주저하는 것이 아주 소멸되고, 무엇이나 한 가지를 잡고 나아가는 날에야 <u>조선</u> 사람의 다시 살아나는 일이 시작되겠습니다. 무엇이든지 그때의 경우와 생각에 옳아 보이는 것을 잡고 나아가면 끝에 가서는 그보다 더 좋은 것이 나옵니다. 그러나 지금 당한 경우와 기무5)를 심상히 여기고 붙잡지 아니하면 그의 신세는 방황에 영장하고 말 것입니다.

끝으로 한마디 말씀을 여러분에게 선사합니다. "어떤 신이 무심 중에 와서 돌연히 네게 묻기를, 너는 무엇을 하느냐?" 할 때에, "나는 아무것을 하노라"고 서슴지 않고 대답할 수 있게 하라.

1927년 새봄에

---

5) (엮은이) 기무(機務): 1. 밖으로 드러나지 않게 비밀을 지켜야 할 중요한 일, 2. 근본이 되는 일. 여기서는 2의 뜻으로 쓰였다.

19. 먼저 나를 찾겠소

호 암

鄭寅承 編

1926년 겨울 어느 잡지 기자로부터 "만일 당신이 다시 스무 살의 청년이 될 수 있다면?" 하는 문제를 받고 대답한 말씀.

"사람의 마음 가운데에서 모든 공상과, 망념과, 허영과, 자만을 빼어버린다 하면, 곧 마른 나무나, 죽은 재와 같이 되고 말 것이라." 함은 영국 어느 철학자의 말이어니와, 나는 이 공상과 망념으로 말미암아 오늘날까지의 실패에 실패를 거듭하였습니다.

실패라 함은 내가 나를 모르고, 또 내가 나를 속이어 가면서, 부질없이 무슨 환상을 따라가다가 본즉, 등이 차고 배가 고파서 더 나아갈 용기가 없게 되었습니다. 이에 등이 따뜻하고 배가 불룩할 때에, 세상이 이만인가 하던 그 공막한 인생철학이 여지없이 무너지고 말게 되었습니다.

그리하여 아무 반성이 없고, 아무 자각이 없이 살아오던 나로서도 스스로 나의 과거 생활을 돌아볼 때에 앞이 뉘우치는 바가 있습니다.

그러므로, 지금 물으심에 대하여, 그전 같으면, 비행가가 한번 되어가지고 세계 일쭈의 비행을 하여 보겠다든지, 혹은 자연과학을 잘 연구하여 무슨 신발견을 하여보겠다든지, 아무쪼록 장쾌한 대답을 할 터입니다.

그러나, 심기일쩐한 오늘에 와서는 비행기 타기보다 먼저 마음 어거6)하기를 배워야 하겠고, 과학상 발견보다, 그 밖의 무엇보다 도… 먼저 "자기" 찾기를 힘써야 하겠다고 서슴없이 대답하려 합니다.

인생행로의 방향을 결쩡할 청춘의 출발ㅅ점에 서서, 까딱하면 자기 자신을 잃고 기로에 방황하기 쉬우므로, 옛 시에도 "종일 봄을 찾으려고 산야로 헤매다가 봄을 찾지 못하고, 집에 돌아와 우연히 매화ㅅ 가지에서 봄을 찾고 빙그레 웃었다." 함이 있습니다. 나는 만일 나의 인생의 여름이 다시 인생의 봄이 될 수가 있다면,

먼저 나를 꼭 찾고,

다음 나를 잘 가르치고,

그리하여 사람다운 사람이 될 공부부터 하여보겠습니다.

---

6) (엮은이) 어거(馭車): 1. 수레를 메운 소나 말을 부리어 모는 일, 2. 거느리어 바른길로 나가게 함. 여기서는 2의 뜻으로 쓰였다.

20. 그 아버지와 아들

최 원 복

鄭
寅
承
編

이날 아침에는 다른 때보다 훨씬 일찌기 산에 오르기로 하였다. 산이래야 거리에서 얼마 되지도 않는 곳, 세무서 바로 뒤ㅅ산이다. 그리 높지도 않고, 올라가면 산마루에 비교적 평탄한 길이 쭉 깔려 있어서, 세무서 담을 끼고 돌면 다른 한쪽으로 내려오게 되어 있다. 이렇게 가깝고 얕은 산이언만 아침마다 보아야 별로 오르는 사람이 많은 것 같지 않고, 산마루의 길목에서 단장을 주책없이 휘두르다가 성악 연습을 하는 셈인지 아리랑 타령에 목청을 돋우곤 하는 두어 청년을 볼 뿐이다. 워낙 사람이 많이 온다면 이런 욕심이 없을 터이지만 날마다 내 길을 앞질러 오곤 하는, 이 두 청년이 나만의 천지를 침입하는 양해서 나는 적이 불만하였다. 그래서 이날 아침은 새벽 일찌기 선등으로, 고요한 산언덕의 새벽을 혼자 즐기고자 하는 것이었다.

아직도 잠이 덜 깨었는지 심술 난 것 모양으로 씨무룩하여 말없이 꽁무니만 따르던 귀돌이(열네 살 된 일하는 계집애)가, 세무서 왼쪽 지름ㅅ길로 들어 산턱에 올랐을 때에야 비로소 입이 떨어졌다.

"언니, 여느 때보다 이른 것 같애."

하고는 눈을 비빈다.

"그래, 좀 이른가 보다. 왜, 너 여태 졸리니?"

"아니, 지금은 정신이 나. 저기, 날마다 오던 사내 사람들두 없구, 참 좋지?"

"너도 사람 있는 게 싫구나!"

나는 속으로 중얼거리면서 까닭 없이 웃었다.

동녘 하늘엔 겨우 산머리와 윤곽만이 금ㅅ빛 면류관 아래 어렴풋이 드러났을 뿐, 사방은 어둑어둑한데 새벽 기운이 가을날처럼 싸늘하고, 발밑의 이슬이 유난히 차겁다. 우리는 제일 높은 산ㅅ등성이에 가서 시가지와 반대되는 쪽을 바라보면서 섰다. 논 벌판에 아직 사람이라곤 없고, 도랑ㅅ길에서 백로가 기지개 펴듯 무겁게 날아간다. 안개는 산허리를 자욱이 싸돌고, 멀리 둘러선 메ㅅ부리들은 흡사히 바다에 뜬 섬들을 보는 것 같아서, 꿈같은 생각이 인개 지욱한 지평선 넘어로 달아난다. 거너 언덕 산비탈엔 조개껍질 같은 초가집들이, 마치 밭고랑이 누비이불처럼 덮인 속에서 조는 듯, 소굿이 기대어 있다. 넓은 하늘엔 새 한 마리도 눈을 자극하는 것이 없고 온 천지가 내 차지인 것 같아서, 마음이 흐뭇하였다.

발ㅅ길을 다시 옮기어 내가 좋아하는 소나무 침침한 숲 속으로 가려할 즈음이다. 바로 그쪽에서 이리로 향하여 뛰어 올라오는 것 같은 사람의 기척이 들린다. '에크, 그자들이로구나' 직각적으로 이렇게 깨달았을 순간, 거의 실망에 가까운 불쾌를 느끼었다. 맛있는 것을 혼자 먹다가 들킨 사람처럼, 까닭 없이 가슴이 울렁거렸다. 그런데 올라오는 것은 그자들이 아니라, 의외에도 나 어린 소년이 아니었던가! 겨우 소학교 일이 학년쯤밖에 안 되어 보이는, 하복 입은 소년이다. 두 볼이 능금쪽처럼 새빨개 가지고, 이슬

ㅅ방울같이 영롱한 눈을 반짝거리면서 할딱할딱 뛰어 올라오는 양이 어찌도 귀여운지, 훌쩍 집어 안고 싶은 충동을 느끼었다.

"애, 너 혼자 이렇게 올라오니?"

내 입에서 이런 말이 떨어졌을 때에 내 몸은 어느새 그 소년의 앞을 가로막고 있었다. 소년은 귀찮다는 듯이 약간 이마ㅅ살을 찡긋하고 뒤를 돌아보더니 귀염ㅅ성 있게 웃어 보이면서, 그대로 뛰어 달아난다. "옹! 뒤에 누구라 올라오는구나!" 내 짐작이 맞았다.

뒤에 따라 올라오는 것은 소년의 집 머슴인 듯 군데군데 기운, 진흙빛 무명 고의 저고리에, 텁수룩한 중년 남자다. 그가 나 있는 데쯤 와서 머뭇머뭇하는 것을 보더니, 어느새 소년이 파르르 뛰어 내려왔다.

"애, 이거 내가 지고 말았구나, 허허!"

퍽 쾌활한 사람인 것 같다.

소년은 아까 대답 못 한 것이 미안하다는 듯이 나를 보고,

"저, 아버지하고 나하고 경주를 했는데, 내가 이겼다나요!"
한다. "아버지?" 나는 깜짝 놀랐다. 어디로 보든지 소년의 집 머슴으로밖에 보이지 않는 그가 소년의 아버지라니? 나는 그 아버지와 아들이 너무도 외양으로 현격함에 잠깐 멍하니 말이 없었다.

"참 용ㅎ구나! 어쩌면 그렇게 잘 뛰니?"

나는 한참만에야 싱겁게 대답을 건네고서 소년의 얼굴을 살피었다.

"아버지, 어저께는 내가 하마터면 질 뻔했어도 오늘은 아버지가 혼났지 뭐!"
하면서 소년는 좋아서 못 견디겠다는 듯이 깔깔거린다.

"오냐, 아들은 아버지보다 더 잘 뛰어야 하는 법이란다. 더 잘

먹고, 더 잘 배우고, 일도 더 잘해야지."

아들을 바라보며 이렇게 말하는 아버지의 표정은 이긴 편보다 도리어 더 만족스러웠다.

"얘, 우리 예서부터 저기 저, 나무 있는 데까지 갔다 오기 내기할까?"

"응, 그래요!"

그 아버지와 아들은 또 뛰기 시작하였다. 수풀 진 산마루를 달리는 두 그림자를 보면서 나는 까닭 없이 흥분되었다.

"유쾌한 아버지다." 나는 산비탈을 내려오면서 이렇게 생각하였다. 자식을 나보다 좀 더 낫게 기르려 하는 그 "아버지"의 거룩한 노력에 나는 경의를 품지 않을 수 없었다. 날마다 새벽 일찌기 오르는 그들을 나는 몰랐었구나! 세무서 오른쪽 모퉁이에까지 와서 나는 다시 한번 그쪽을 올려다보았다. 해는 어느새 떴는지, 안개가 뽀얗게 비치는 산마루에서 아직도 이 두 그림자는 금ㅅ빛 해ㅅ발 속에 풍덩거리면서 뛰고 있었다. "오냐, 아들이 아버지보다 더 잘 돼야 하는 법이란다!" 왜 그런지, 이 말이 도무지 잊혀지지를 않는다.

×   ×

그 후, 나는 날마다 새벽 일찌기 산에 올라가기로 하였다. 하루도 빼놓지 않고 그 아버지와 그 아들을 만나곤 하였다. 내가 늦는 날이면, 산 밑 지름ㅅ길로 아버지를 따라 쫄랑쫄랑 내려오는 소년을 영낙없이 보았다.

나는 이 아침ㅅ 등산이 말할 수 없이 즐거운 일과이었다.

21. 우리 집 정원

춘　성

鄭寅承 編

　　우리 집은 조그마한 와가[7]이다. 정원이라고는 겨우 손ㅅ바닥만 한 화단이 있을 뿐이다. 남들처럼 사시장철 시퍼런 상나무나 잣나무 같은 것을 심고 싶지마는, 그런 땅도 없고, 그럴 여유도 없다. 또는 그렇게 호화를 하고 싶지도 않다.

　　나는 이 조그만 정원에 내가 좋아하는 나무 넷을 심었을 뿐이다. 해당화 한 나무, 목수국 한 나무, 월계수 한 나무, 그리고 등나무 하나이다. 작년 봄에 등나무 하나를, 일금 사 원 오십 전을 주고, 인부 몇 명을 시켜, 어이싸, 어이싸, 하여 가며, 큰일이나 하는 것처럼 마당 한편에 심어 놓았다. 나는 처음에 아침저녁으로, 물을 주고, 북을 주고, 온갖 정성을 다하여 나무를 살리려 하였다. 그러나 날이 가물고, 서향판이 되어서, 그 나무는 좀처럼 살 것 같지 않았다. 나는 그 나무가 죽을까 봐서 조바심을 하고, 하루에도 물을 세 번 네 번 주어가며, 어머니 공양하듯이 갖은 정성을 다하였다. 그랬더니 그 나무는 차차 엄이 돋고 잎이 퍼지고 줄기가 벋기 시작하여, 그의 시원하고 시퍼런 날개로 우리 집 마당을 덮어놓았다.

---

7) (엮은이) 와가(瓦家): 기와집

우리 집은 서향판이어서, 저녁때면 햇ㅅ볕 때문에 늘 더위를 먹었으나, 이 등나무를 심은 뒤로는 우리 집 마당은 그늘 천지가 되어서 그 푸른 날개 밑에 의자를 놓고 한가히 앉아, 멀리 <u>북악</u>의 옛 성을 바라보는 것은 여간 좋은 일이 아니었다. 더욱 이따금 쓰르라미가 등나무에 와서 고운 목소리로 울고 가는 것도 매우 시원하였다. 그리고, 고요히 눈을 감고 의자에 앉아 있느라면, 맑은 바람이 누구의 호흡인 듯이, 등ㅅ잎을 간지럽게 흔들며, 작은 파동을 일으키는 것도 더욱 시원하였다. 나는 아내가 어디 가고, 아이들이 나간 뒤에 혼자 고요히 앉아서 시간을 보내는 것을 퍽 좋아하였다.

그리고, 담 옆에 목수국 한 나무를 심었는데, 늦은 봄이면, 눈같이 허연 꽃송이가 주먹처럼 다닥다닥 피는 것은 한량없이 즐거웠다. 한껏 높고, 한껏 순결한 그 꽃의 모양! 저녁을 먹고 그 꽃 앞에 앉아서, 보고 보고, 몇 백 번이나 바라보는 그 재미는 여간 즐거운 일이 아니다. 신의 앞에 앉은 듯 혹은 사랑하는 사람의 얼굴이나 보는 것처럼 유쾌하고 시원한 것이었다. 나는 그 꽃을 보고 "나의 작은 천사"라고 불렀다. 수많은 명현들에게서 좋은 교훈이나 금언을 듣는 이보다, 나는 이 꽃 한 송이를 바라보는 것이 더 마음이 깨끗해지고 아름다와지는 듯하였다.

그리고 한옆에 있는 해당화와 월계수는 그 붉고 정렬쩍인 점에 있어서, 나에게 적지 않은 자극과 파동을 주는 것이다. 모든 것을 태울 듯 모든 것을 물들일 듯, 붉은 심상을 헤지고 나온 듯한, 그 꽃을 볼 때에 나는 심령에 더운 맛을 느낄 수가 있었다. 쌀쌀하고, 차고, 미지근한, 이 세상에서 이리 몰리고 저리 몰리며 세상의 찬 것을 슬퍼하는 나는, 하루에 잠시나마 그 꽃을 바라보고 뜨거운 리즘에 취하는 것은 여간 즐거운 것이 아니다.

　"탈 대로 다 타시오. 타다 말진 부디 말소.

　타고 다시 타서, 재 될 뻔은 하거니와,

　타다가 남은 동강을 쓰을 곳이 없나이다."

　이런 <u>노산</u>의 시를 생각하며, 몇 걸음 그 꽃 아래에서 거니는 것은 매우 유쾌한 일이다.

　봄과 여름이면, 나는 이 조그만 정원에서 나 혼자 즐거운 명상에 잠기는 것이다. 저녁을 먹고 등나무 아래서 한 개 두 개 비치는 하늘의 별을 바라보며 고요한 추억에 잠기는 것도 좋거니와, 목수국과 해당화를 바라보며 나의 작은 가슴에 손을 대고 옛날의 내 정렬을 자질하여 보는 것은 매우 즐거운 일이다. 그리고, 심장아 뛰라, 마음아 더우라. 너의 작은 생애를 피와 붉은 빛으로 물들이라. 네가 불이 되고 피가 되고, 그리하여 나중에 재가 되는 것은 좋으나, 미지근하고 쌀쌀한 물이 되어, 혼자 들판을 지내가는 생애를 하지 말자고 혼자 격려하는 것이다.

　손ㅅ바닥만 한 정원이요, 볼 것 없는 정원이나, 나에게는 작은 위안의 정원이요, 명상의 요람터이다. 안테우스의 이야기와 같이, 사람이 땅에서 멀어지면 힘이 슬어지고, 땅에 가까우면 활력이 생긴다고. 과연 사람은 땅을 가까이하고 자연의 아름다움을 배우는 곳에서 적지 아니한 즐거움을 얻을 수가 있다.

22. 만물초

양 봉 래

　풍암에서 서쪽으로 삼십 리에 온정이 있고, 온정의 서쪽 육칠 리에 발봉이 있고, 봉의 꼭대기에 옥녀의 머리 감는 동이가 수십 개가 있고, 그 서쪽 이십 리에 돌문을 뚫고 나오는 시내가 있으니, 시내를 찾아 문으로 들어가 오륙 리쯤 가면, 그 안이 훨쩍 터졌는데 옥으로 깎은 듯한 봉우리들이 빙 둘러 있고, 구슬로 새긴 듯한 벼랑이 첩첩이 싸고 있어 널찍한 별천지를 이루었으되, 흙이라고는 한 줌이 없으며, 이따금 풀 난 것이 있으나, 범상한 것은 하나도 없으며, 골 안에 서리서리 눈같이 깔리고, 반들반들 얼음같이 엉긴 것이 몇ㅅ 이쯤이나 촘촘히 들어섰는데, 인형, 물형들로 생기지 아니한 것은 하나도 없고, 그 수는 몇 만 몇 억이 되는지 알 수 없으며, 이리 생기고 저리 생긴 것이 모두 살아있는 듯하여, 얼른 보매 놀라지 않을 수 없고 자세히 살핀 뒤에야 돌인 줄을 알게 된다.

　사람으로 생긴 것은 서 있는 이도 있고, 앉은 이도 있고, 누운 이도 있고, 일어난 이도 있고, 마주 서서 예를 하는 이도 있고, 어깨 겯고 동무한 이도 있고, 팔짱 끼고 걸음 걷는 이도 있고, 활개 치며 바삐 가는 이도 있고, 말 탄 이, 소 탄 이도 있고, 양 치는 이,

돼지 치는 이도 있고, 중으로 염불하는 이도 있고, 선비로 글 읽는 이도 있고, 예복 입고 어른 앞에 나온 이도 있고, 발끝 맞춰 행렬 지은 이도 있고, 씨름하는 이, 태껸하는 이도 있고, 굳센 체 힘자랑 하는 이도 있어, 존비, 귀천, 상하, 대소의, 무릇 사람의 심정 형태 치고는 없는 것이 없으며,

물형으로 생긴 것은, 용도 있고, 범도 있고, 기린도 있고, 봉황도 있고, 매, 수리, 사슴 따위의 그 종류가 무수하여, 나는 놈에 닫는 놈, 뛰는 놈에 기는 놈, 날개 펴고 춤추는 놈, 쭉지 오므리고 모이 찾는 놈, 고개 쳐들고 우는 놈, 모가지 비틀고 졸고 있는 놈, 가랑 이가 찢어지게 서로 쫓는 놈, 고개를 한데 모으고 떼 지어 있는 놈, 드러누워 잠자는 놈, 달려들어 떠받으려는 놈, 가지각색이 갖추갖 추 있으며, 또 꼭 지적하여 무엇이라 하기는 어려우나, 이보다도 오히려 더한 것이 있으니, 층층이 솟은 봉우리와 첩첩이 쌓인 산 ㅅ등성이가 구름을 뚫고 서 있는 것은 완연히 구중궁궐이 반공에 솟은 것이요, 날카로운 돌과 쭝긋쭝긋한 바위가 하늘을 찔러 솟은 것은 흡사히 기치창검8)이 삼ㅅ대같이 나열한 것이라. 이윽이 우 러러보매, 저절로 경건한 마음이 나서, 그 앞에 머리 숙여 무릎을 아니 꿇을 수 없다. 아마도 조화옹이 인물을 창조할 때, 여기서 초 잡았던 것을 그대로 끼쳐둔 것인가 보다.

금강산을 보지 못하고는 천하의 기묘를 이야기하지 못할 것이 요, 만물초를 보지 못하고는 금강산의 기묘를 이야기하지 못할 것 이다.

---

8) (엮은이) 기치창검(旗幟槍劍): 예전에, 군대에서 쓰던 깃발, 창, 칼 따위를 통틀어 이르던 말.

23. 물

상 허

　나는 물을 보고 있다.

　물을 처음 보듯 보고 있다. 물은 아름답게 흘러간다.

　흙 속에서 스며 나와, 흙 위에 흐르는 물, 그러나 흙물이 아니요. 정한 유리그릇에 담긴 듯 티 없이 맑은 물, 그런 물이 풀ㅅ잎을 씻으며, 조각돌에 잔물결을 일으키며, 푸른 하늘 아래에 즐겁게 노래하며 흘러가는 것을 고요히 그 옆에 앉아 바라보고 있다.

　물은 얼마나 아름다운가? 흐르는 모양, 흐르는 소리도 아름답거니와, 생각하면 이의 맑은 덕, 남의 더러움을 씻어주기는 할찌언정, 남을 더럽힐 줄 모르는 어진 덕이 그에게 있는 것이다. 이를 대할 때, 얼마나 마음을 맑힐 수 있고, 이를 사귈 때, 얼마나 몸을 깨끗이 할 수 있을 것인가?

　물은 진실로 아름다운 것이다.

　물은, 보면 즐겁기도 하다. 그에겐 언제든지 커다란 즐거움이 있다. 여울을 만나 노래할 수 있는 것만 그의 즐거움은 아니다. 산과 산으로 가로막되, 덤비는 일 없이, 고요한 그대로 괴고 괴어, 나중에 넘쳐흘러 나가는, 그 유유무언9)의 낙관, 얼마나 위대한 즐거움인가? 독에 퍼 넣으면, 독 속에서 그대로, 땅속 좁은 철관 속에 몰아넣어도, 몰아넣은 그대로, 답답하단 말이 없이, 태연히 견디는 품이 성인과 같다.

　물은 참말 성인 같다. 고기들이 그의 품ㅅ속에 살되 그들에게 바라는 것이 없고, 논, 밭, 우물, 과수원으로 어머니의 젖줄처럼 갈기갈기 찢기어 나가며 사람을 기르되, 더구나 사람이 그 고마움을 모르되, 탓함이 없이 그저 모르는 채 바다로 흘러가는 것이다.

　오오, 물의 높은 덕이여!

　노자가 일찌기 말하기를 "가장 착한 이는 물과 같다"고 하였다.

鄭寅承 編

---

9) (엮은이) 유유무언(悠悠無言): 한가롭고 여유로운 가운데 말이 없음.

24. 백두산 가는 길에

수 주

一 백두산 가는 길

백두산 가는 길, 장려한 채 지리하다.
넘는 재, 건너는 물, 앞 막는 숲, 가로 뵌 덕.
끝없이 가고 또 가도, 번갈아서 나서네.

二 무두봉 위에서

무두봉 기어올라, 천 리 천평 내다보니,
넓기도 넓을씨고, 우리 옛터 이 아닌가?
인 흥이 잦기도 전에, 눈물 벌써 흐르네.

三 꽃동산을 시내면서

갖은 빛, 갖은 모양, 이루 혜도 못하려든,
어느 놀란 솜씨, 이 저 없이 지으신고.

때 잊고 바라다보니, 가슴 겨워지더라.

보다가 눈 어리어 비비고 다시 보니,
볼쑤록 짙어지고 헬쑤록 수효 느네.
이 꽃밭 지내는 이 복, 어디 대어 비길까?

鄭寅承 編

25. 봄ㅅ비

송   아 10)

봄ㅅ비에 바람 치어 실같이 휘날린다.
종일 두고 뿌리어도, 그칠 줄을 모르네.
묵은 밭 새 옷 입으리니, 오실 대로 오시라.

목마른 가지 가지, 단물이 오르도록
마음껏 뿌리소서, 스미어 들으소서.
말랐던 뿌리에서도, 새싹 날까 합니다.

산에도 내리나니 들에도 뿌리나니,
산과 들에 오시는 비, 내 집에는 안 오시랴?
아이야, 터앗 갈아라, 꽃 심을까 하노라.

개구리 잠 깨어라, 버들개지 너도 오라.
나비노, 꿀벌도, 온갖 생물 다 나오라.
단 봄ㅅ비 조선에 오나니, 마중하러 갈꺼나.

---

10) (엮은이) 원문에는 저자가 표기되어 있지 않으나, 주요한의 작품이다. 독자의 편의를 위
해 밝혀 적되, 다른 저자 표기와의 일관성을 고려하여 호(號)만 표시하였다.

26. 가을

가 람

鄭寅承 編

들마다 늦은 가을, 찬바람이 일어나네.
벼 이삭 수수 이삭, 오슬오슬 속삭이고,
밭머리 해 그림자도, 바쁜 듯이 가누나.

무 배추 밭머리에 바구니 던져두고,
젖 먹는 어린 아이, 안고 앉은 어미 마음,
늦가을 저문 날에도, 바쁜 줄을 모르네.

27. 십이 폭

노 산

열ㅅ두 물 한 줄기로, 떨어지니 한 폭포요,
한 폭포 열ㅅ두 단에 꺾였으니 십이 폭을.
하나라, 열ㅅ둘이라 함이, 다 옳은가 하노라.

열ㅅ둘로 보자 하니, 소리가 하나이요.
하나로 듣자 하니, 경개 아니 열ㅅ둘인가?
십이 폭 묻는 이 있거든, 듣고 보라 하리라.

28. 노력

鄭
寅
承
編

一

쇠마치의 소리는 땅땅 울리고,
화로ㅅ불은 벌겋게 피어오르고,
단 쇠에서 뿔똥이 날리는 중에,
모루 치며 힘들여 일하는 자여.
너희들이 온종일 땀을 흘리며
노력함이 어렵다 생각되거든.
　세상에서 할 일이 없는 어려움,
　더욱 기가 막힘을 생각해 보라.

二

튼튼하고 큰 손에 호미를 들고,
또약볕이 쬐어서 타는 듯한데,
단단한 흙덩이를 밭가는 자여,
너희들의 생각에 이 흙덩이가

예로부터 저주를 받다 하리라.
그러하나 온종일 힘을 다하여,
노력함이 어렵다 생각되거든,
　　세상에서 할 일이 없는 어려움,
　　더욱 기가 막힘을 생각해 보라.

三

배ㅅ 바닥의 밑에서 커단 무덤이
입 벌리고 있으며, 모진 바람이
악귀같이 배ㅅ전에 포호하는데,
태산 같은 물결이 쉴 새가 없이
요동하는 창해를 배 젓는 자여.
밤도 낮도 언제나 애를 쓰면서
노력함이 어렵다 생각되거든,
　　세상에서 할 일이 없는 어려움,
　　더욱 기가 막힘을 생각해 보라.

四

살 내리고, 피 줄고, 신열이 나서,
주야장전 심신을 수고로이 해,
온 천하의 동포의 영혼 위하여,
정성 다해 애쓰는 어진 사람아.
이와 같은 고상한 목적으로도,

네 노력이 어렵다 생각되거든,
　　세상에서 할 일이 없는 어려움,
　　더욱 기가 막힘을 생각해 보라.

五.

힘들이어 일하는 자, 애쓰는 자여.
너희들은 크나큰 새 세력으로
이 세상의 사람을 감화하누나.
있는 힘을 다하여 일에 당하며,
한 치 만한 시간도 이용 잘하라.
하늘로서 주신바 사람 권리 중
가장 고귀한 것이 일을 함이니,
미안하지 않도록 근로하여라.
　　지극하게 어렵고 못 견딜 것은
　　세상에서 할 일이 없는 것이라.

鄭
寅
承
編

29. 조선의 맥박

무　애

한밤에 불 꺼진 재와 같이
나의 정열이 두 눈을 감고 잠잠할 때에,
나는 조선의 힘없는 맥박을 짚어 보노라,
나는 임의 모세관, 그의 맥박이로다.

이윽고 새벽이 되어 훤한 동녘 하늘 밑에서
나의 희망과 용기가 두 팔을 뽑낼 때면,
나는 조선의 소생된 긴 한숨을 듣노라.
나는 임의 기관이요, 그의 숨결이로다.

그러나 보라, 이른 아침 길ㅅ가에 오고가는
튼튼한 젊은이들, 어린 학생들, 그들의
공 던지는 날랜 손발, 책보 낀 여생도의 힘 있는 두 팔.
그들의 빛나는 얼굴, 활기 있는 설음걸이…
아아, 이야말로 참으로 조선의 산 맥박이 아닌가?
무럭무럭 차라나는 갓난아이의 귀여운 두 볼,
젖 달라 외오치는 그들의 우렁찬 울음,

작으나마 힘찬, 무엇을 잡으려는 그들의 손아귀,
해죽해죽 웃는 입술 기쁨에 넘치는 또렷한 눈ㅅ동자…
아아, <u>조선</u>의 대동맥, 조선의 허파는, 아기야, 너에게만 있도다.

鄭
寅
承
編

30. 봄의 선구자

여 수

나더러 진달래꽃을 노래하라 하십니까?
이 가난한 시인더러 그 적막하고도 가녈픈
꽃을, 이른 봄 산ㅅ골짜기에 소문도 없이 피었
다가, 하루아침 비바람에 속절없이 떨어지는
꽃을, 무슨 말로 노래하라 하십니까?

노래하기에는 너무도 슬픈 사실이외다.
백일홍같이 붉게붉게 피지도 못하는 꽃을,
국화와 같이 오래오래 피지도 못하는 꽃을,
모진 비바람 만나 흩어지는 가엾은 꽃을,
노래하느니 차라리 붙들고 울 것이외다.

친구께서도 이미 그 꽃을 보셨으리다.
화려한 꽃들이 하나도 피기도 전에,
찬바람 오고 가는 산허리에 쓸쓸하게 피어 있는,
봄의 선구자, 연분홍의 진달래꽃을 보셨으리다.
진달래꽃은 진실로 봄의 선구자외다.

그는 봄ㅅ소식을 먼저 전하는 예언자이며,
봄의 모양을 먼저 그리는 선구자외다.
비바람에 속절없이 지는 그 엷은 꽃ㅅ잎은
선구자의 불행한 수난이외다.

어찌하여 이 나라에 태어난, 이 가난한 시인이
이같이도 그 꽃을 붙들고 우는지 아십니까?
그것은 우리의 선구자들 수난의 모양이
너무도 많이 나의 머리ㅅ속에 있는 까닭이외다.

그러나 진달래꽃은 오려는 봄의 모양을 그 머리ㅅ속에 그리면서,
찬바람 오고 가는 산허리에서 오히려 웃으며 말할 것이외다.
　"오래오래 피는 것이 꽃이 아니요,
　붉게붉게 피는 것이 꽃이 아니라,
　오려는 봄철을 먼저 아는 것이
　정말 꽃다운 꽃이라"고.

鄭
寅
承
編

31. 들

임 화

눈알을 굴려 하늘을 쳐다보니,
참 높구나, 가을 하늘은.
멀리서 둥그런 해가 까만 얼굴에 번쩍인다.

네가 손ㅅ등을 대어 부신 눈을 문지를 때,
어느 틈에 재바른 참새들이
깃을 치며 함빡 논 위로 내려앉는다.

휘어! 손뼉을 치고, 네가 줄을 흔들면,
벙거지를 쓴, 거먼 허수아비
언제 눈치를 챘는지, 어깨ㅅ짓을 한다.

우! 우! 건너ㅅ말 동무들이 풋콩을 구워 놓고,
산모퉁이 모닥불 연기 속에 두 손을 벌려 너를 부른다.

얼싸안고 나는 네 볼에 입 맞추고 싶다.
한 손을 젓고 말없이 웃어 대답하는, 오오,

착한 얼굴.

들로 불어오는 가을바람이
덥고 긴 여름 동안 여위어 온,
네 두 볼을 어루만지고 지나간다.

오지게 찬 벼 이삭이 누렇게 여물어가듯,
푸르고 넓은 하늘 아래 자유롭게 너희들은 자라거라.
자라거라! 자라거라! 초목보다 더 길길이.

그러나, 바람이 불어온다,
수수밭 콩밭을 지내 논ㅅ두둑 위에로.

참새를 미워하는 네 마음아,
한 톨의 벼알 뉘 때문에 아끼는가?

鄭
寅
承
編

32. 봄

봄이 오도다.
버드나무의 트는 눈과 함께 오도다.
눈 녹고 얼음 풀린 앞뒤ㅅ 들에 나물 캐며 지저귀는,
아이들의 웃음ㅅ소리와 함께 퍼지도다.

해는 따스한 손을 펴고 온갖 것을 쓰다듬고,
바람은 훗훗한 김을 내불어 온갖 것을 어루만지고,
오래 말라붙었던, 골짜기 샘에서,
봄의 선녀를 찬송하는 쫄쫄이 노래가 들릴 때,

숨었던 것은 나타나고, 덮였던 것은 쳐들고, 눌렸던 것은 벗어나
와,
쉬었던 생명을 다시 이으며, 숨겼던 힘을 다시 발휘하는도다.
부활의 서광과 창조의 노력이 눈과 귀의 미치는 데까지 가득가
득하도다.
기다리던 때를 만난 모든 것이 행여나 남에게 질까봐서, 각자의
숨겼던 생활력을 힘껏 들어내는도다.

바위틈의 작은 샘이 폭포가 되며 여울이 되어, 강으로 바다로 흐르는 동안에,

봄의 선녀의 날개 밑에서, 즐거움을 속삭이지 않는 것이 없도다.

그네들은 다,

저의 사는 목숨을 제가 지켰도다. 저의 살 힘을 제가 길렀도다.

그리하여 살 때가 되매,

조금도 두려워하지 않고, 조금도 거침새 없이,

조금도 머무적거리지 않고, 조금도 낭패함이 없이,

전보다 더 생신한 목숨을 나타내었도다.

봄이 왔도다.

산은 산으로서, 봄을 맞이하여 기쁨을 드러내고,

물은 물로서, 봄을 맞아 즐거움을 울리고,

초목토석은 초목토석으로 봄맞이하여, 새 단장을 하며, 새 놀이를 차리도다.

남을 기다리지 아니하고, 남의 힘을 빌지 않고, 제 봄을 제가 맞이한 그에게는

기쁨과, 즐거움과, 모든 소득과 받음이 온전히 다 저의 것이로다.

그에게는 낭패가 없도다. 낙심이 없도다.

오직 성취의 만족이 있을 뿐이다.

봄이 왔도다.

눈에 보이는 아름다움보다, 귀에 들리는 고움보다, 더 귀엽고 홀

류한 가르침을 주려는 듯이,
　봄이 우리의 눈앞에,
　　전개되었도다. 활약하는도다.

33. 계절의 맑은 놀이

구 보

鄭寅承 編

어디서 이다지도 맑은 바람이 이리 시원스리 불어듭니까?

부채질하던 손을 멈추고, 한참을 혼자 망연하여 합니다.

문득 깨닫고, 고개를 들어 하늘을 우럴어봅니다.

오오, 그렇게도 높고 또 깨끗한 저 하늘!

우리 모를 사이, 어느 틈엔가, 가을은 이곳을 찾아온 것입니다.

$\times$ $\times$

나는 우선 부채를 한구석에 치워 버립니다. 한여름의 더위와 희롱하기에 지친 한 자루 부채를 가져 어찌 이리도 맑고 새로운 계절을 맞이하겠습니까?

나는 또 옷을 벗어, 아내에게 장人속 깊이 감추어 버리라고 명하였습니다. 나의 여름옷은 본래는 가벼운 것이었으나, 한여름 흘린 땀에 그것은 또 무거울 대로 무거워지지 않았습니까?

나도 이 계절에 합당한 새 양복을 가든히 입고, 오랫동안 간직하여 두었던 단장을 벗 삼아, 거리로 나갑니다.

$\times$ $\times$

가을을 맞는 한 개의 예의로, 간밤에 은근히 비 내린 뒤 거리 위에는 일어나는 한 점의 티끌도 없이 가로수 한 개의 잎사귀 속에도, 새로운 계절은 스며 있습니다.

보도 위를 오고 또 가는, 우리들의 걸음걸이도, 이제는 결코 더위에 쫓기어 황황할 까닭 없이, 걸음에 맞추어 단장이 울 때, 그 소리 또한 귀에 상쾌합니다.

×   ×

그러나, 우리는 이 거리에 그다지 연연하여 하지 않아도 좋을 것이 아니겠습니까?

여름내 자주 찾았던 거리의 다방의, 아직도 한 그릇 아이스크림의 미각이 남아 있는, 그 탁자 위에서, 어찌 이 새로운 손님을 대접하여서 옳겠습니까?

우리들의 인생에 있어서의 용무라는 것이, 그것이 결코 그리 대단한 것이 못될찐대, 하루의 번거로운 "볼ㅅ일"은 뒤로 미루어 두고, 마음도 가든히 거리 밖의 한때의 맑은 놀이를 꾀하여야 하겠습니다.

×   ×

"두어 명 좋은 벗과 더불어, 한 병 향기 높은 술을 가져…"

이것은 이미 오랜 옛날에 제정된, 이 계절을 맞이하는 한 개의 예법일 것입니다.

붙임

I. 표준말에 관한 것

표준말에 익숙하지 못한 이로서는 모든 표준말을 단박에 다 기억하려고 하기는 도저히 곤난한 일입니다. 표준 교과서, 표준 간행물, 표준 사전을 통하여 많이 접촉하고 많이 실행함으로써 자연히 익숙하여지게 되는 수밖에 없습니다. 그러나, 어떤 말들은 서로 공통된 점이 있어서, 한결로 처리하고 한결로 기억할 수가 있는 것이 있으니, 그러한 것을 여기에 보이어, 여러분에게 기억의 편리를 도와드리고자 합니다.

[1] 동사 가운데, "−거리다"와 "−대다"가 같이 쓰이는 말들은 모두 "−거리다"로 표준함. (이렇게 된 말이 퍽 많은데, 본보기로 몇 개만 들기로 함.)
  예: 까불거리다(까불대다) 남실거리다(남실대다)
      덤벙거리다(덤벙대다) 덜렁거리다(덜렁대다)
      머뭇거리다(머뭇대다) 벅적거리다(벅적대다)
      소곤거리다(소곤대다) 알씬거리다(알씬대다)
      재잘거리다(재잘대다) 졸랑거리다(졸랑대다)

콜록거리다(콜록대다) 터덜거리다(터덜대다)
펄럭거리다(펄럭대다) 허둥거리다(허둥대다)
(이 밖에도 이런 따위 말이 많이 있음.)

[2] 동사 가운데, "-뜨리다", "-트리다", "-떠리다", "-터리다"
들이 같이 쓰이는 말들은 모두 "-뜨리다"로 표준함.
  예: 깨뜨리다(깨트리다, 깨떠리다, 깨터리다)
      넘어뜨리다(넘어트리다, 넘어떠리다, 넘어터리다)
      떨어뜨리다(떨어트리다, 떨어떠리다, 떨어터리다)
      무너뜨리다(무너트리다, 무너떠리다, 무너터리다)
      빠뜨리다(빠트리다, 빠떠리다, 빠터리다)
      쏟뜨리다(쏟트리다, 쏟떠리다, 쏟터리다)
      엎어뜨리다(엎어트리다, 엎어떠리다, 엎어터리다)
      자빠뜨리다(자빠트리다, 자빠떠리다, 자빠터리다)
      채뜨리다(채트리다, 채떠리다, 채터리다)
      터뜨리다(터트리다, 터떠리다, 터터리다)
      퍼뜨리다(퍼트리다, 퍼떠리다, 퍼터리다)
      헤뜨리다(헤트리다, 헤떠리다, 헤터리다)
      (이 밖에도 이런 따위 말이 많이 있음.)

[3] 형용사 가운데, "-쁘다", "-프다"와 "-뿌다", "-푸다"가 같이
쓰이는 말들은 모두 "-쁘다", "-프다"로 표준함.
  예: 가쁘다(가뿌다) 고달프다(고달푸다)
      고프다(고푸다) 구쁘다(구뿌다)
      기쁘다(기뿌다) 나쁘다(나뿌다)

바쁘다(바뿌다) 슬프다(슬푸다)

시쁘다(시뿌다) 아프다(아푸다)

예쁘다(예뿌다) 헤프다(헤푸다)

(이 밖에도 더 있음.)

[4] 형용사 가운데, "-ㅂ다"와 "-웁다"가 같이 쓰이는 말들은 모두 "-ㅂ다"로 표준함. (이런 말들은 다 "ㅂ변ㅅ격"으로 활용되는 형용사임.)

　예: 가깝다(가까웁다) 놀랍다(놀라웁다)

　　　덥다(더웁다) 더럽다(더러웁다)

　　　무겁다(무거웁다) 부드럽다(부드러웁다)

　　　쉽다(쉬웁다) 어렵다(어려웁다)

　　　정답다(정다웁다) 춥다(추웁다)

　　　쾌활스럽다(쾌활스러웁다) 탐스럽다(탐스러웁다)

　　　폐롭다(폐로웁다) 헐겁다(헐거웁다)

　　　(이 밖에도 많이 있음.)

[5] 동사나 형용사 가운데, "-르다"와 "-ㄹ르다"가 같이 쓰이는 말들은 모두 "-르다"로 표준함.(이런 말들은 다 "르변ㅅ격"으로 활용되는 말들임.)

　예: 가르다(갈르다) 너르다(널르다)

　　　다르다(달르다) 바르다(발르다)

　　　사르다(살르다) 오르다(올르다)

　　　자르다(잘르다) 흐르다(흘르다)

　　　(이 밖에도 많이 있음)

[6] 타동사 가운데, "-우다"와 "-다"가 같이 쓰이는 말들은 모두 "-우다"로 표준함.

예: (1) 보통의 타동사

게우다(게다) 때우다(때다)

배우다(배다) 시새우다(시새다)

에우다(에다) 치우다(치다)

(2) 자동사나 형용사로부터 변하여서 된 타동사

깨우다(깨다) 끼우다(끼다)

데우다(데다) 메우다(메다)

비우다(비다) 밤새우다(밤새다)

세우다(세다) 재우다(재다)

짐지우다(짐지다) 채우다(채다)

태우다(태다) 피우다(피다)

(이 밖에도 더 있음)

[7] 명사 가운데, "늘"과 "눌"이 같이 쓰이는 말들은 모두 "늘"로 표준함.

예: 마늘(마눌) 며느리(며누리)

미늘(미눌) 바늘(바눌)

비늘(비눌) 오늘(오눌)

하늘(하눌)

[8] 부사 가운데, "로"와 "루"가 같이 쓰이는 말들은 대개 "로"로 표준함.

예: 가까스로(가까스루) 가로(가루)

따로(따루) 도로(도루)

새로(새루) 서로(서루)

함부로(함부루) 홀로(홀루)

다만 "고루고루"의 뜻인 "고루"는 "그런고로"의 뜻인 "고로"와 혼동되기 쉽고 "이루 다 셀 수가 없다"와 같은 "이루"는 "이로써"의 "이로"와 혼동되기 쉬우므로 각각 "고루", "이루"로 표준함.

[9] 모음의 동화작용으로 "ㅏ, ㅓ, ㅗ, ㅜ, ㅡ"가 "ㅐ, ㅔ, ㅚ, ㅟ, ㅢ"로 발음되는 습관이 있을찌라도, 유추 관계나 어원 관계가 있는 것은 모두 제 본음으로 표준함.

예: (1) 유추 관계가 있는것

건더기(유추: 건덕지) 두렁이(유추: 두렁치마)

두루마기(유추: 두루막) 뻐꾸기(유추: 뻐꾹새)

버르장이(유추: 버르장머리) 보드기(유추: 보득솔)

부스러기(유추: 부스럭지) 빙충이(유추: 빙충맞이)

소나기(유추: 소낙비) 아비(유추: 아버지)

어미(유추: 어머니) 잔등이(유추: 잔등머리)

주둥이(유추: 주둥아리) 지팡이(유추: 지팡막대)

(2) 어원 관계가 있는 것

깜작이다(어원: 깜작깜작) 낯바다기(어원: 바닥)

누더기(어원: 누덕누덕) 다듬이(어원: 다듬다)

들이켜다(어원: 들다) 맡기다(어원: 맡다)

박이옷(어원: 박다) 손잡이(어원: 잡다)

아끼다(어원: 아깝다) 젖먹이(어원: 먹다)

(이 밖에도 이러한 말들이 많이 있음.)

이상은 일찍기 조선어학회에서 사정한 표준말 가운데 한결로
처리한 말들이요, 그 밖의 말들은 낱낱이 처리하여야 되는 동시에,
또한 낱낱이 기억하는 수밖에 없는 것이니, "사정한 조선어 표준
말 모음"을 보시기 바랍니다.

II. 맞춤법에 관한 것

맞춤법에 익숙하지 못한 이로서 흔히 잘못하는 일은 대중없이
새 받침을 함부로 쓰는 일입니다. 우리말에 새 받침을 써야 할 말
이 그리 한정 없이 많은 것이 아닙니다. 새 받침 붙는 말들은 대개
모아서 아래에 저어 보이니, 여기에 적힌 말이면 반드시 그 받침
대로 쓰고, 그 밖의 말에는 자신 없이 새 받침을 쓰지 마는 것이
우선 좋을 것입니다. 그 이상의 맞춤법에 관한 자세한 것은 "한글
맞춤법 통일안"의 원리와 원칙에 의하여 잘 활용할 수 있도록 많
은 연습을 쌓아주기 바랍니다.

재래에 쓰던 받침 ㄱ, ㄴ, ㄹ, ㅁ, ㅂ, ㅅ, ㅇ, ㄺ, ㄻ, ㄼ 이외에,
더 쓸 받침은 ㄷ, ㅈ, ㅊ, ㅋ, ㅌ, ㅍ, ㅎ, ㄲ, ㄳ, ㄵ, ㄶ, ㄽ, ㄾ, ㄿ,
ㅀ, ㄻ, ㅄ, ㅆ 들인데 이런 받침을 쓸 말은 아래와 같음.

　　ㄷ받침: 걷다(捲) 곧(卽) 곧다(直) 굳다(堅) 낟(穀) 닫다(閉) 돋다
　　　　　(凸) 돋다(昇) 뜯다(摘) 맏(昆) 묻다(埋) 묻다(染) 믿다
　　　　　(信) 받다(受) 받다(支) 벋다(外向) 벋다(延) 뻗다(伸) 쏟
　　　　　다(瀉) 얻다(得)

　　변ㅅ격 활용하는 것: 깨닫다(覺) 걷다(步) 겯다(編) 긷다(汲)

눋다(焦) 닫다(走) 다닫다(臨) 듣다(聞) 묻다(問) 붇다
(殖) 싣다(載) 일컫다(稱)

ㅈ받침: 갖다(備) 꽂다(揷) 꾸짖다(叱) 궂다(凶) 낮(晝) 낮다(低)
늦다(晚) 맞다(適) 맞다(迎) 맞다(被打) 맺다(結) 버릇다
(爬) 부르짖다(叫) 빚(債) 빚다(釀) 애꿎다(不幸) 잊다
(忘) 잦다(後傾) 잦다(頻) 잦다(涸) 젖(乳) 젖다(後傾) 젖
다(濕) 짖다(吠) 찢다(裂) 찾다(尋)

ㅊ받침: 갗(皮膚) 꽃(花) 낯(面) 닻(錨) 덫(捕獸機) 돛(帆) 몇(幾)
빛(色, 光) 숯(炭) 옻(漆) 윷(柶) 좇다(從) 쫓다(逐)

ㅋ받침: 녘(方) 부엌(廚)

ㅌ받침: 같다(同) 겉(表) 곁(傍) 끝(末) 낱(個) 맡다(任) 맡다(嗅)
머리맡(枕邊) 뭍(陸) 밑(底) 바깥(外邊) 밭(田) 밭다(迫)
밭다(濾) 뱉다(吐) 볕(陽) 부릍다(腫) 붙다(付) 샅(股間)
솥(鼎) 숱(量) 얕다(淺) 옅다(淺) 짙다(濃) 팥(豆) 홑(單)
흩다(散)

ㅍ받침: 갚다(報) 깊다(深) 높다(高) 늪(沼) 덮다(覆) 무릎(膝) 섶
(薪) 숲(藪) 싶다(欲) 앞(前) 엎다(覆) 옆(側) 잎(葉) 짚
(藁) 짚다(杖) 헝겊(布片)

ㅎ받침: 낳다(産) 넣다(入) 놓다(放) 놓다(置) 닿다(接) 땋다(辮)
빻다(碎) 쌓다(積) 좋다(好) 찧다(搗)

변ㅅ격 활용하는 것: 가맣다(玄) 까맣다(玄) 거멓다(黑) 꺼멓
다(黑) 기다랗다(長) 깊다랗다(深) 높다랗다(高) 노랗다
(黃) 누렇다(黃) 동그랗다(圓) 둥그렇다(圓) 발갛다(赤)
빨갛다(赤) 벌겋다(赤) 뻘겋다(赤) 싸느랗다(冷) 써느렇
다(冷) 자그맣다(小) 조그맣다(小) 커다랗다(大) 파랗다

(靑) 퍼렇다(靑) 하얗다(白) 허옇다(白) 이 밖의 "앓다, 엎다"의 끝소리를 가진 말 전부.

ㄲ받침: 깎다(削) 꺾다(折) 겪다(經) 낚다(釣) 닦다(拭) 닦다(修) 덖다(添垢) 묶다(束) 밖(外) 볶다(炒) 섞다(混) 솎다(間拔) 안팎(內外) 엮다(編)

ㄳ받침: 넋(魂) 몫(配分) 삯(賃) 섟(性氣)

ㄵ받침: 가라앉다(沈) 끼얹다(撒) 앉다(坐) 얹다(上置)

ㄶ받침: 꼲다(批) 괜찮다(無妨) 귀찮다(苦) 끊다(絶) 많다(多) 언짢다(不好) 점잖다(偉) 하찮다(不大)

ㄺ받침: 곬(向方) 돐(週期) 옰(代償)

ㄾ받침: 핥다(舐) 훑다(挾扱) 훑다(挾扱)

ㅀ받침: 곯다(敗滅) 꿇다(跪) 끓다(沸) 닳다(耗損) 뚫다(穿) 쓿다(精米) 싫다(厭) 앓다(病) 옳다(可) 잃다(失)

ㄿ받침: 읊다(詠)

ㄻ받침: 굵("구멍"의 옛말) 낡("나무"의 옛말)

ㅄ받침: 값(價) 가엾다(憐) 맥없다(無聊) 부질없다(謾) 상없다(悖常) 실없다(不實) 시름없다(愁) 없다(無) 열없다(小膽)

ㅆ받침: 겠다(未來) 왔다(過去) 었다(過去) 있다(有)

이 밖에 준말(略語)을 준 그대로 적을 때에 "ㅎ"과 "ㅆ"을 위ㅅ글짜의 받침으로 쓰는 일이 있음.

예: 갛다("가하다"의 준말) 않다("아니하다"의 준말)
    갔다("가았다"의 준말) 왔다("오았나"의 준밀) 떴다("뜨었다"의 준말) 그렸다("그리었다"의 준말)

III. 부호에 관한 것

鄭寅承 編

문장에 부호를 쓰는 것은 독서 능률을 돕기 위함인즉, 필요한 곳에는 필요한 부호를 반드시 써야 하고, 필요하지 아니한 곳에 아무 부호나 함부로 쓰는 것은 도리어 독서 능률에 방해되는 것이니, 잘 주의하여야 할 것입니다.

조선어학회에서 제정한 여러 부호 가운데 가장 흔히 쓰이는 몇 가지를 아래에 보입니다.

1. 마침표 . 문장의 끝남을 표함.

2. 그침표 : 한 문장이 대체로 끝나면서 다음 문장과 연락됨을 표함.

3. 머무름표 ; 글 뜻이 좀 중단됨을 표함.

4. 쉬는표 , 위아래ㅅ 말의 구별됨을 표함.

5. 물음표 ? 의심이나 물음을 표함.

6. 느낌표 ! 느낌이나 부르짖음을 표함.

7. 따옴표 " " 따다가 쓴 말을 표함.

8. 작은따옴표 ' ' 따온 말 안에 있는 따온 말을 표함.

9. 홀ㅅ이름표 — 고유명사를 표함.

10. 풀이표 − − 위의 말을 다시 해석하고 넘어갈 때 씀.

11. 줄임표 … 남은 말을 풀이어 버릴 때 씀.

12. 말없음표 …… 말없이 침묵함을 표함.

13. 묶음표 ( ) (( )) { } [ ] 어떤 부분을 한 덩이로 묶을 때 적당히 씀.

한글독본

鄭寅承 編

원전

한글독본

鄭寅承編

서울 正音社

朝鮮語學會 幹事

鄭 寅 承 編

한 글 독 본

副 讀 本 叢 書 · 1

서울 正 音 社 刊

한글독본

일 러 두 기

鄭寅承 編

1. 이 책은 主로 中學 程度의 各 學校에서 學生들에게 書語를 觀練지키며, 글을 읽는 법과, 글을 쓰는 법과, 또한 말을 짓는 법을 訓練시키기가 爲하여, 國語科의 補習 讀本으로 使用하도록 編纂한것 입니다.

2. 材料는 될수있는대로 多方面의 作品中에서 뽑되, 文章은 아무쪼록 平易한것으로 內容은 아무쪼록 敎訓的인 同時에 趣味 있는것으로 고르기에 힘썼습니다.

3. 國標語와 綴字法에 特別히 嚴正 精確을 期하기 爲하여, 一語 一字마다 細心 注意를 加하여, 原文의 말과 글자를 徹底히 整理하고, 文章 內容도 現代的 見地에서 敢히 다러 참고 보태고, 고치기도 하였으니, 이는 作家 여러분에게 크게 미안한바이나, 스스로 그분들의 善意的 寬恕를 믿기때문입니다.

4. 군데군데 글짜 위에 점을 찍어 표한것은

編者의 多年 經驗에 바추어, 標準語나 綴字法의 不注意로 因하여 틀리게 쓰는이가 많은것을 첨 것 指摘한것이니, 學生들로하여금 읽을 때마다 거기에 特別히 意識을 加하여, 스스로 標準語를 考査하고 綴字를 檢討하여, 그와 틀리는 말이나 혹은 틀리는 綴字로 쓰지 아니할 自信을 가지 도록 練習시켜나가면, 確實히 많은 效果를 얻을 줄로 믿습니다.

5. 標準語에서 規則的으로 決定할 수 있는 말 들과, 綴字法에서 새 받침으로 쩌야할 말들과, 및 文章에서 가장 흔히 쓰이는 重要한 符號들 을 卷末에 붙이었으니, 이들을 充分히 記憶하여 實用에 熟練하도록 할것이며, 떼어 쓰는 法은 "한글 맞춤법 통일안"의 規定을 基礎로 하여, 이 책에 쓰인 마더마더에 잘 留意하여, 各自熟達하 게 되도록 하기를 바랍니다.

목 차

鄭
寅
承
編

이순신 어른

鄭寅承 編

이순신 (李舜臣) 이라 하면, 조선 사람 되어서 모를이가 누가 있겠습니까? 그 용명이라든지 그 홀공이라든지 우리 소년들의 가장 공경하며 참으로 모범할 일이 많은 어른입니다.

이 어른은 단군기원 3878년, 곧 인조대왕 원년, 음력 삼월 초여드레ㅅ날 서울 건천동 (乾川洞) 에서 나셨습니다.

어렸을적에 여러 동무들과 같이 장난하며 놀 때에, 나무 따대기를 가지고 활이라, 창이라, 칼이라 하면서 군사들이 전쟁에서 싸움하는 흉내를 내는데, 자기는 스스로 대장이 되어, 여러 아이들을 거느리고 지휘 호령하는것이 범상하지 않았습니다 장래 큰 영웅 될 바탕은 특별히 어려서 알아볼것이 아닙니까? 이 어른은 그 할아버지ㅅ적부터 문학을 숭상하였으며, 당신께서도 나이 아십여째가 되도록 책상 머데에 앉아서 글 읽기만 하시다가, 하루는 무슨 깨달음이 있었던지 붓대를 내어던지고 무예 (武藝) 를 익히기로 결정하였습니다.

나이 스물 여덟살ㅅ적에 훈련원 (訓練院) 별과

(別科)에 가서 말 타기를 시험하시다가, 불행히 낙마를 하여 왼편 다리가 절골되어 한참은 혼도하여 있었습니다. 이 광경을 본 여러 사람들이 놀라서, "에구, 이공이 죽었다!" 하고 야단들을 합니다. 이 어른께서 벌떡 일어나서 버드나무 가지를 꺾어 그 껍질을 벗기어서 그 상한 다리를 싸매고, 도로 말께 뛰어 올라 달리니, 만장 관중이 크게 갈채하였습니다. 지금 세상에 손톱 밑에 조그마한 가시가 하나만 들여도 꽁꽁 앓으며 꼭 죽을것 같이 아는 점장이는 이 어른의 일을 한번 생각지 않는가?

한번은 선산에 성묘하러 가시었더니 되 앞에 세워 두었던 장군돌이 넘어졌는데, 역군 수십명이 들어 일으키려 하여도 조금도 요동하지 아니하였습니다. 이 어른께서 그들을 꾸짖어 다 물리치시고 도포 입은채로 그것을 덜렁 들어며가 등에 지고 본디 있던 자리에 갖다 세워 두니, 여럿이 모두 혀를 내두르며 탄복하였습니다.

이 어른은 나이 점점 많아감을 따라 뜻을 세우며, 마음을 수양함이 보통ㅅ사람과는 달랐습니다. 더욱이 애국심이 열렬하여 몸을 나라에 바치기로 결심하였습니다. 그리하여 서울같은 도시에 생장하였지마는 도무지 바깥 출입이라고는 없고 꼭 문을 처닫고 들어앉아서 병법을 읽으며 무예를 연습하기에 전심하였습니다

　나이 스물 아홉에 이르러 비로소 무과(武科)에 올라, 처음에는 일개 미미한 변방 고을 군관을 치내었으며 나중에는 전국 해군을 통솔하는 수군통제사 (水軍統制使) 라는 크나큰 책임을 맡게 되어 동서양 해군사상 특필할 공훈을 세우기까지에 이르렀습니다.

　임진왜란 때에 남쪽 해상에서 크게 활동하여 적함 무미척을 쳐부수어 적의 간담을 놀라게 하였으며, 또 거북선을 창조하여 세계 잠수함의 맨 처음 발명을 하시었습니다.

2 조선 학생의 정신

도 산

사회는 활동으로부터

학생은 장차 사회에 나아가 활동할 준비를 하는 사람입니다. 생존과 번영은 사람의 활동에 따라 되는것이므로, 활동 어젓이 있으면 살고 없으면 죽을것이며, 많으면 크게 번영하고, 적으면 적게 번영할것입니다. 그런즉 인류 사회의 생존은 사람의 활동에 있고, 사람의 활동은 활동할 무기를 잘 준비함에 있으며, 이 무기를 준비하는이는 곧 학생이외다.

그러므로 조선의 학생 되이는 먼저 조선 사회로부터 세게 어느 사회에든지 나아가 활동할 사람임을 잊지 말아야 하겠습니다.

참 활동은 직분 이행

활동에는 허영적 활동과, 실제적 활동이 있습니다 무슨 취지서에나, 발기문에나, 신문지상에나, 여디에나 버젓하게 성명이나 쓰는것을 활동이라 할 수 없고, 다만 실제상 자기가 마땅히 할 직분을 이행하는것이 곧 활동이외다. 그리고 영국의 학생은 영국의 경우에, 또 미국이나 중국의 학생은 미국이나 중국의 경우에 따라서 준비하여 가지고 활동하는것이외다. 조선의 학생은 조선의 경우에 따라서 준비하여 가지고 조선 사회에 또는 세계 사회에 나아가 활동하여야 되겠습니다.

직분을 이행한다 함은 자기의 의무를 이행한다 함인데, 의무로 말하면 자신에, 친족에, 동족에, 국가에, 세계에 대한 의무가 있습니다. 또 각각 그 의무를 잘 이행하려면, 먼저 자기의 가족은, 동포는, 사회는, 국가는 어떠한 경우에 있는지, 아울러 자기 자신이 어떠한 경우에 있는지를 잘 알아야 하겠습니다.

경우가 남과 같지 않다

지금 우리는 민족적으로 남과 다른 경우에 있습니다. 유의의 찬란한 옛 문화는 극도로 파괴되어 복구 수리할 길이 멀고, 새로운 문화는 아직 얻들난 시기에 있습니다. 또 구도덕은 무너지고 진도덕은 서지 못하여 혼란 상태에 있습니다. 또 다른 나라 학생은 학자가 녀녀하여 배우고싶은것을 마음대로 배울 수가 있지마는, 우리 조선 학생은 그렇지 못하외다. 게다가 우리는 유혹이나 허영에 휘둘리기 쉬운 환경을 가지었습니다. 오늘날 이와 같은 불리한 경우에 처한 조선 학생으로서 그 직분은 매우 크외다. 이 학생 된이의 손으로라야 우리의 집이나 사회를 장차 바로잡을 수가 있는것이요, 만일 그렇지 못하면 우리의 앞길은 영영 가없이 될뿐이겠습니다. 그러니, 오늘의 조선 학생들은 무의식적으로 남의 흉내나 내지 말고, 명확한 판단을 가지고 나아가야 학생 그네들에게도 다행이 되고, 민족 전체에게도 다행이 되겠습니다.

헌신적, 희생적 정신

첫째, 남은 알든지 모르든지, 조선 민족에 대한 헌신적 정신과 희생적 정신을 길러야 하겠습니다. 조선 민족을 다시 살릴 직분을 가진이로서 이 정신이 없으면 안 되겠습니다. 자주라, 독립이라, 평등이라 함이 다 자기를 본위로 하는 이지적이외다. 어떤 때에 일쌔적 자극으로 떠들다가도, 그 마음이 까라지면 다시 이기심이 생깁니다. 자기의 생명을 본위로 함은 이것이 진리요 자연이외다. 그런데 이제 자기의 몸과 목숨을 내놓고 부모나, 형제나, 동포나, 국가를 건진다는것은 혹 모순이 아니겠습니까? 아니외다. 이 헌신적과 희생적으로 하여야, 부모와 형제가 안보려고, 민족과 사회가 유지되는 동시에 자기의 몸도 있고 생명도 있으려니와, 만일 이 정신으로 하지 아니하면, 내 몸과 아울러 사회가 다 보전되지 못하는 법이외다. 가령 상업이나 공업을 하는것도 자기의 생명을 위하여 하는것이지마는 여기도 헌신적과 희생적 정신으로 하지 않으면 안됩니다.

위 위에 말한바 이지적으로뿐 아니라, 정의적으로도 민족에 대한 일어나는 정을 억제하지 못하여, 헌신적 희생적 활동을 아니할 수 없습니다. 오늘의 조선 학생 된이는 옛날에 자기의 명리를 위하여 출세하려는듯이 하지 말고, 불쌍한 내 민족에 대한 직분을 다하기 위하여 하여야 되겠습니다.

궁흘히 여기는 정신

둘째, 궁흘히 여기는 정신을 길러야 하겠습니

다. 학생에게 있어서 이 정신이 더욱 필요하외다. 학생이 되어서 무엇을 좀 안 뒤에는 교만한 마음이 생기어서, 자기만큼 도르는, 자기의 부형이나, 이웃이나, 존장에게 대하여 멸시하는 마음이 생기고, 따라서 제 민족을 무시하게 됩니다. 그 결과로 동족을 저주하고, 질찌하고, 상관하지 아니하려 합니다. 나만 못한 사람을 무시할것이 아니라, 궁휼히 여기어야 옳고, 남의 잘 못하는것을 볼 때에 저주할것이 아니라, 포용심을 가지어야 하겠습니다. 궁휼히 여기는 마음이 없으면 내 동족을 위하여 헌신적과 희생적으로 힘쓸 마음이 나지 않습니다. 소학생 시대나, 대학생 시대보다 중학생 시대에 남을 업신녀기는 교만한 마음이 가장 많은 법이외다. 이것은 무엇을 좀 알기 시작할 때에 저마다 잘 아는듯 싶어서 그렇게 됩니다.

또 어떤이는 걸핏하면 제 동족의 결점만을 들어가지고 나무랍니다. 그러나, 우리 조선 사람도 다 잘 배울 기회를 가지었거나, 다 좋은 환경을 가지었더라면, 누구보다 조금도 못할 민족이 아니외다. 그러므로 제 동족에 대한 불평을 가질것이 아니라, 일체로 서로 궁휼히 여기

는 마음을 가지어야 옳겠습니다. 제 동족에 대
한 동포심이 지오면 외국에게 대한 구별심이
따와한 될 것이외다.

너와 나의 협동적 정신

세계, 서로 협동하는 공동적 정신을 배양하여
야 합니다. 조선의 일은 조선 사람 된 내가
말격임을 아는 동시에, 조선 사람 된 이는 누구
나 다 분담하여가지고 공동적으로 하자 함이외
다. 어떤이는 무슨 일을 다 혼자 하겠다는 생
각을 가집니다. 그런이에게는 소위 야심이라는것
이 생깁니다. 그 결과에, 하려는 일은 되어지지
않고, 도리어 분쟁이 생깁니다. 제가 무엇이나
다 한다고, 하다가는 낙심하기가 쉽습니다. 혼자
하는 일은 잘 이루어지지 아니하므로, 과거의
성공이 없음과 장래가 아득한것을 보고는 곰
비관하여 낙망합니다. 나와 다른이가 다 함께
할것으로 아는이는, 자기는 비록 성공을 못하더
라도, 다른이가 성공할줄을 믿고, 또 자기 당대
에 못 이루고, 죽더라도 자기 후손이 이어서
할것이므로, 여기에는 낙망이 생기지 않고 오직
자기의 할 직분을 다할뿐이외다. 그 결과 전체

鄭寅承 編

에 관계되는 사업은 어느 한두 사람의 손으로 되지 않고 전 민족의 힘으로라야 됩니다. 그러므로 내가 깨달은바에 대하여 나의 직분을 다하여 노력하고 아울러 온 민족과 협동하여 할 정신을 길러야 되겠습니다. 너와 내가 다 함께 한다는 관념이 철썩하여지는 날에야 성공이 있겠습니다. 협동적 관념이 있어지면 공동적 주장과 계획이 세워지겠습니다. 이 협동적 정신 아래에서 공동적으로 하는것을 미리 연습하여두어야 공동적 큰 사업에 나아가서도 협동적 실행이 있어지겠습니다.

한가지 이상의 전문 지식

이 위에 말한것은 정신 방면을 말한것이외다. 이재는 실질 방면에 들어가서 누구나 한가지 이상의 전문 지식을 가지어야 된다 함이외다. 전문 지식을 못 가지겠거든 한가지 이상의 전문적 기술이라도 가지어야 하겠습니다. 오늘날은 빈 말로 살아가는 세상이 아니요, 그 살아갈만한 일을 참으로 지어야 사는 세상이외다. 실제에 나아가 그러한 일을 지으려면은 이것을 감당할만한 한가지 이상의 전문적 학식이나 기

줄여 없어서는 안 됩니다. 이것이 있고야 자기
와, 가족과 및 사회를 건집니다. 오늘에 있어서
는 옛날에 벼슬하기 위하여 과거보러 다니던
관념으로 허영을 위하여 공부하는이가 많습니
다. 사회에 유익한 사업을 감당하기 위하여, 실
제의 학문을 참으로 연구하는이는 적고, 아무
대학을 마쳤있다는 이름이나 얻기 위하여 사각
모자를 쓰고 다니는것이나, 대학 졸업장을 얻는
것으로 성공을 삼는이가 많습니다 그런이는 한
번 졸업한 후에는 다시 더 학리를 연구하지
않습니다. 우리 학생들은 직업을 표준하지 않
고, 허영적 영웅을 표준하는이가 많은듯하외다.
만일 실제 학문을 배워서 정당한 사업에 나아
가지 않고 회수자와 난봉이나 부리면, 그는 차
라리 학교에 아니 다니고 집에 있어서 부모를
위하여 소 먹이요 꼴 베는것만 못하겠습니다.

1926년 겨울

3 한냥을 들여
서푼을 찾음

이원익이 젊었을 때 밤에 골목길로 가다가, 어쩌다가 엽전 서푼을 개천에 빠뜨리었습니다. 동네ㅅ사람들을 청하여 횃ㅅ불을 잡히고 개천을 쳐서, 그 돈을 찾아내니, 그 비용이 엽전 한냥이 들었습니다. (이원익=李元翼)

한냥을 들이어 서푼을 찾는것은 대단히 어리석은 일이라고, 사람들이 비웃으니, 이원익은 이렇게 말하였습니다.

"나 한사람으로만 말하면 한냥을 허비하여 서푼을 건지니, 손해만 났지, 이익은 없는것 같으나, 전국, 전 사회로 보면은, 그 한냥은 한냥대로 이 사회에 그대로 살아있고, 아ㅅ서푼은 없어졌던것이 다시 살아난것이니, 무엇이 손해가 되는가? 만일 그 서푼을 찾지 아니하면, 그것이 정말 이 사회의 손해가 되는것이다."

4 쌀알 한개

鄭寅承 編

쌀알 한개에 글짜 한자를 쓴다 합니다. 한자를 쓰기만도 도저히 용이한 일은 아닙니다. 그런데 세상에는 열자라도 스무자라도, 아니, 몇백 자라도 쌀알 한개에다가 너너히 쓰는 사람이 있습니다. 언제가도 쌀알 한개에 기다란 장편의 글을 썼다고 하는 기사가 어느 신문에 난 일이 있었습니다마는 신문도 그것을 굉장히 떠들었었고 독자도 모두 탄복한바입니다. 쌀알 한개에 일천 몇백자가 쓰이어 있다고.

그것은 확실히 굉장한 일입니다. 그렇게 작은 쌀알갱이에 일천 몇백자를 쓴다는것 같은 일은, 사람의 재주로는 있을 수 없는것 같습니다. 그러나 자세히 살피어 보면은, 우리의 먹는 쌀에는 한알갱이 한알갱이에, 일천 몇백은 고사하고 몇만 몇억이나 되는 글짜가 쓰이어 있습니다. 이상한 일이지만, 그것은 신문에도 나지 않고, 여러분도 주의가 미치지 않은듯합니다. 그러나 백자를 쓴다, 천자를 쓴다 하는것이 신문에 날만큼 굉장한 일이라면, 몇만 몇억의 글짜가 쓰이어 있다는것이 굉장 더 굉장한 일이 아니겠습니까?

그러면, 여러분은 이렇게 생각할는지 모르겠습니다. "신문에 난 기사는 사람이 정말 쓴것이겠지마는, 지금 말하는것은 정말 사람이 쓴것이 아니라, 거저 풍을 쳐서 하는 말이겠지, 풍쳐서 하는 말은 정말이 아니야." 아마 이렇게들 생각하겠지요. 그러나, 이것은 결코 풍치는 말은 아닙니다. 정말로 사람이 피와 땀으로 쓴것입니다.

여러분은 쌀알을 잘 살펴본 일이 있습니까? 날마다 밥을 먹을 때에 오늘은 밥이 되다는둥 질다는둥, 맛이 있다는둥, 맛이 없다는둥 찾은 소리를 하는것이 예사이지마는, 한개의 쌀알을 참으로 잘 살펴본 일은 없을것입니다. 한번 손바닥에다 쌀알을 올려놓고 잘 살피어 들여다보지오. 한개의 쌀알에는 몇만 몇억이 될째 알수 없는, 정말, 정말 남과 피로 물들인 글씨가 한뜩 쓰이어 있습니다. 만일 그것이 아니 보이는 사람이라면, 그는 눈이 있어도 눈뜬 장님밖에 못 되는 사람입니다.

쌀 생각하여보시오. 단 한개의 쌀알이라도, 그것이 되어 나올 때까지에는 일년이 걸립니다. 그 일년 동안 쌀을 만들어내는 사람은 얼마만큼이나 애를 쓰며, 얼마나 많은 <u>사람의 손이</u> 갔을까? 발벌써 사람의 손이라고 하지마른 농부들은 다만 손을 놀릴뿐이 아닙니다. 논밭을 갈고 꼭씨을 심고 하는데는, 장기나, 호미나, 광이 같은 여러가지 농기가 듭니다. 그 여러가지 농기들은 누가 만든것일까요? 이렇게 자꾸 자꾸 생각하여보면 쌀이 되어 나올 때까지에는 농부들의 힘만이 아닌, 장기니, 호미니, 광이니, 그 밖의 여러가지 제구를 만든 여러 사람의 애쓴 힘도 물론 들었다는것을 알아야 합니다. 아니, 그뿐이 아닙니다. 그 장기나, 호미나, 광이들의 재료가 되는 쇠붙이나 나무는 어디서 누가 가져온것일까요? 또 더욱 중요한것은 꼭 직히 씨앗으로부터 나고, 자라고, 익을 때까지 의 땅에 대한 관계는 어떠한가, 해 와는 어떠한 가, 비 와는 어떠한가… 이와 같이 하나씩 생각 하여가고보면, 단 한개의 쌀알일찌라도 그 한개 의 쌀알에는 몇천 몇만이나 되는 사람의 노력 이 들어있으며, 사람뿐이 아니라, 하늘과 땅과의 인연까지 많이 가지고있는것 입니다.

쌀알 한개가 우리의 입에 들어오는것은, 그것 은 몇만 사람의 애쓴 피가 우리의 입에 들어오는것입니다. 아니, 이루 헤아릴 수 없는 천지의 공력이 우리의 입에 들어오는것입니다. 그것이 우리의 피가 되고 살이 되어 우리를 길러주는것입니다. 우리가 숨을 쉬고 있는 한, 우리의 심통이 뛰고 있는 한, 알지 못하는 여러 사람의 피와 땀이 얼마나 우리의 몸 안에서 일하여주고 있습니까? 또한 하늘과 땅이 얼마나 우리의 몸을 길러주고 있습니까?

쌀알 한개의 무게는 실로 태산과 같습니다. 여러분은 한번 쌀알을 손ㅅ바닥에 올려놓아보시오. 일부러 쌀ㅅ뒤주에서 꺼내지 않더라도 좋습니다. 끼니때 밥상에 떨어진 밥알이라도 좋을것입니다. 그 밥알 한개를 손ㅅ바닥에 올려놓고 가만히 그 무게를 헤아리어보서오. 그 무게를 깨닫게 되면, 자기 스스로 그 쌀알에 쓰이어 있는 무수한 글자가 보일것입니다.

5 화가 유덕장 (劉德章)

鄭寅承 編

　유덕장은 어려서부터 그림을 좋아하여, 부형이 글씨를 쓰라고 종이를 주면, 글씨는 아니 쓰고, 대를 그리기에 열찜이었습니다. 그 아버지가 성을 내어 매를 때렸더니, 덕장이 앉아서 한참 울다가, 책상에 떨어진 눈물을 손톱으로 튀기니 튀기는대로 대ㅅ잎이 되는데, 낱낱이 신통한 그림이 되었습니다. 그 아버지가 이것을 보고 한탄하면서,

　"너는 천생 그림장이라, 내가 억지로 이것을 금지하는것이 옳지 아니하다."

하고, 그 뒤부터는 그림 그리는것을 가만두었더니, 마침내 유명한 화가가 되었습니다.

6 어린 용사

소 파

"전교 생도는 운동장으로 모여라."

하는 교장선생님의 명령이 벼란간에 내리었습니다.

"하학하여 돌아갈 시간인데, 무슨 일인가? 무슨 일인가?"

하고, 팔백여명 생도가, 궁금한 생각으로 수군수군하면서, 운동장 북판에 각 반마다 열을 지어 늘어섰더니, 한 옆에 선생 한분씩이 달려들어, 끝에서부터 차례로 생도들의 호주머니를 뒤기 시작하였습니다.

생도 중에 담배 먹는 못된 버릇이 있다고 소문이 돌아서, 담배 가진 생도를 찾아내려고 조사하는것이었습니다.

조사는 끝났으나, 담배 가진 생도는 한사람도 들추어나지 않고, 다만 운동장 한편 담 밑에 누가 던지었는지 아까까지 없었던 담배 한갑이 떨어져 있는것이 발견될뿐이었습니다.

교장선생은 그 담배를 받아 들고 엄숙한 말로,

鄭寅承 編

"누구든지 이 담배를 내어던진 사람은 내 앞으로 나오너라."

하였습니다. 그러나, 아무리 나오라 하여도 시간만 헛되이 지나갈뿐이요, 저녁때가 되도록 아무도 나오는 사람이 없었습니다.

"차려"를 하고 서서 두 시간 반, 다리는 부러질듯이 아픈데 해는 서산을 넘어 마당에는 어두운 그늘이 졌습니다. 그래도 나서는 사람은 아무도 없었습니다.

"어느 때까지든지 담배를 버린 사람이 떳떳이 나오기 전에는 밤을 새어도 해쳐 보내지 않을터이다."

이 엄격한 교장의 말에 생도들은 물론이요, 선생들까지도 눈물겼습니다.

"누구든지 버린 사람이 얼른 나와야지, 한 사람때문에 모두 벌을 당한단 말이냐?"

고 수군거리었습니다. 그래도 나서는 사람은 없었습니다.

그 때, <u>얼굴겸연하여 누가</u>는 그 때에 한 생도가 뚜벅뚜벅 교장선생의 앞에 나아가서,

"제가 버리었습니다."

하고, 공손히 서 있었습니다.

누군가 하고, 그 탕은 사람들의 눈이 그에게로 쏠리었습니다. 머리 큰 장난군 생도일줄 알았더니, 천만 뜻밖에 이러터어린 품행 얌전한 소년이었습니다.

"정말 네가 버리었느냐?"

교장은 다시히 물었습니다.

"예, 제가 버리었습니다."

대답은 분명하였습니다.

"그러면 담배가 몇개 들었느냐?"

이렇게 캐묻는 교장의 말에 소년은 대답을 못하였습니다.

"왜 네가 버리직 아니한것을 네가 버렸다고 하느냐?"

"저 한사람만 벌을 주시고 다른 생도들을 풀어 돌려보내주십시오. 여러 사람이 모두 배가 고프고 다리가 아파서 더 오래 섰을 수가 없겠습니다."

소년의 말끝은 떨리었습니다.

"아아, 귀여운 용사로구나!"

하고, 교장은 달려들어 소년의 손을 쥐었습니다. 그리고 한층 높고 큰 소리로,

"이 어린 생도는 다른 여러 생도를 일려 돌

막가지 하기 위하여' 남의 죄에 자진하여 나
온, 훌륭한 용사이다.' 여러 사람을 구원하기
위하여 자기 한 몸의 고생을 달게 받는것을
희생이라고 한다. 이 세상에 희생의 정신보다
더 거룩한 정신은 없는것이다."
하고, 곧 해산을 명령하여 여러 생도를 돌러보
았습니다.

맨 나중에 혼자 남아선 교장의 앞에 가서
눈물을 흘리는 생도가 있었으니, 그는 소년의
희생의 정신에 감동되어 담배 버린것을 자백한
생도이었습니다.

鄭
寅
承
編

7 나귀의 꾀

소금 장수가 나귀에 소금을 실리고 장으로 가는 길에 내ㅅ물을 건너게 되었습니다. 짐이 무거워 기를 써서 건너가던 나귀는 어쩌다 발을 헛 디디어 물 가운데서 자빠졌습니다. 한참 애를 쓰다가 일어나 보니, 소금이 많이 녹아버렸으므로, 짐이 매우 가벼워졌습니다. 그러나 주인은 한ㅅ수없이 다시 소금을 사러 가서 얼마 뒤에 또 다시 그 내를 건너게 되었습니다. 나귀는 전ㅅ번에, 자빠짐으로 인하여, 그 무겁던 짐이 갑자기 가벼워진것을 생각하고, 이번에는 일부러 넘어졌습니다. 그리고 코웃음을 치면서 일어났습니다.

이것을 보고, 주인은 속으로,

"오냐, 이놈, 어디, 견디어보아라."

하고, 다음ㅅ번에는 해면을 한바리 지이고, 그 내를 건넜습니다.

미련한 나귀는 또 넘어치고, 신이 나서 머리를 그덕이며 일어나 본즉, 어찌 된 영문인지, 아주 천근 같이 무거워졌습니다. 나귀는 해면이 물을 빨아들이는것 까지는 몰랐던것입니다.

8 재미있는 이야기

鄭寅承 編

공자가 마차를 타고 어디를 자는데, 길 가운
데서 어떤 아이가 흙으로 성을 쌓고있더랍니
다. 차부가

"길을 치워라!"

하니까, 아이의 말이

"마차가 성을 피하여 가지, 성이 마차를 피
한단 말이요?"

하였습니다. 공자가 듣고보니 기특한 말이라.

(공자) "네가 어린 아이로, 어떻게 그런 이치를
알느냐?"

(아이) "아무리 어린 아이라도, 이치는 이치이니,
모를 까닭이 없습니다."

(공자) "그러면, 네가 하늘도 아느냐?"

(아이) "사람이 어떻게 하늘을 알겠습니까? 눈
앞의 일도 잘 모르는데."

(공자) "눈앞의 일이야 모를까가 있느냐?"

(아이) "그러면, 선생님은 눈앞의 일을 다 아십
니까?"

(공자) "눈앞에 있는것이야 모르지 않겠지."

(아이) "그러면 선생님의 눈썹이 몇개오니까?"

공자가 껄껄 웃고, 그 아이의 슬기를 칭찬하여 줍니다.

二

숙질이 한 학교에서 공부를 하는데, 아주비되는 아이가 조카더러,

"너는 책은 아니 보고 한눈만 팔고 있니?"

(조카) "아저씨는 왜 한눈을 파시오?"

(아주비) "내가 언제 한눈을 팔았니?"

(조카) "아저씨가 한눈을 팔지 않았으면, 내가 한 눈을 팔았는지, 두 눈을 팔았는지 어떻게 보셨단 말이요?"

아주비가 눈을 뚱그렇게 해가지고, 손을 내저으면서, 하는 말이,

"이애, 그런 말, 집에 가서 옮기지 말아라, 애!"

三

(서양 사람) "너희 나라 사람은 아주 더럽다더구나."

(중국 사람) "어째서 더럽단 말이냐?"

(서) "아침에 일어나는길로 세수도 아니한다니, 더럽지 아니하냐?"

(중) "그러면, 너희들은 아침에 일어나는길로 곧 세수부터 하느냐?"

(서) "물론 그렇지, 누구든지 아침에 일어나면, 곧 세수 아니하는 사람이 없는것이다."

(중) "허허! 너희 나라 사람은 참 세수에 미친 사람들이로구나. 우습고도 이상하다. 우리 나라 사람들은 아침에 일어나면, 세상없어도, 옷부터 먼저 입고야 세수를 한다."

서양 사람 코가 납작.

9 확실한 대답

어느 날, 시인 이소프가 건넛 어떤 길손 하나를 만났습니다. 그 길손은 이소프더러

"요 다음 동네까지 가려면 몇 시간이나 걸리겠소?"

하고 물었습니다. 이소프는

"그저 가시오."

하고 대답하였습니다. 길손은 이상스러운 눈으로 쳐다보면서,

"그걸 갈줄은 나도 아오. 걸어가는데 시간이 얼마나 걸리겠느냐는 말이요."

하고 다시 물었습니다. 이소프는 여전히

"그저 가시오."

할 뿐, 별다른 대답을 아니하였습니다. 그러니까, 길손은 화를 벌컥 내면서,

"예끼! 미친녀석이로군."

하고 화를 하고는, 다시 묻지 아니하고, 그대로 걸어가고 있었습니다. 두 사람의 발은 한 스무남은 걸음이나 걸었을 때, 이소프는 그 길손을 부르면서,

"당신이 그 동네까지 가려면, 썩 시간은 걸

리졌소!"

하고 말해주었습니다. 길ㅅ손은 내었던 화를 풀고서, 온근하게 묻는 말이,

"당신이 아까 가르쳐주지 않고 이제 가르쳐주는 것은 무슨 까닭이요?"

하였습니다. 이소프는 웃으면서,

"당신의 걸음이 얼마만큼 빠른지 알지 못하고는, 시간이 얼마만큼 걸릴찌 확실한 대답을 할 수가 없기때문이오."

하고 말했습니다.

길ㅅ손은 새삼스럽게 이소프의 확질한 대답에 감복하여 몇 번이나 치사를 하고 갔습니다.

鄭寅承 編

10 콜룸부스의 달걀

서양에 "콜룸부스의 달걀"이라는, 속담이 있습니다. 이 속담은 "남의 한 일을 본뜨기는 쉬워도, 남이 아니 해본 일을 처음으로 하기는 어렵다"는 뜻으로 하는 말입니다. 이 속담의 생긴 내력을 말하면 이러합니다.

콜룸부스가 천신만고하여 아메리카 대륙을 발견한 뒤, 본국에 돌아온즉, 본국 정부에서는 그 사업의 성공을 축하하기 위하여 콜룸부스를 내접하는 큰 잔치를 베풀고 나라의 여러 대신과 명사들이 모이었더랍니다.

그런데, 그 여러 사람 가운데, 콜룸부스의 명예를 시기하는 사람이 있어서, 그 옆의 사람에게 소군거리는 소리로,

'콜룸부스가 아메리카를 발견한것은 그렇게 놀라운 일이 못 되오. 있는것을 발견한것은 예사로운 일이지, 그게 무슨 대단한 공적이며 놀라운 영예가 되찰것이 있나요?"
하였습니다.

콜룸부스는 이 얄미운 말ㅅ소리를 듣고도, 못 들은듯이 천연스러이 앉은대로, 신발견한 땅의 모든 형편을 거저이 이야기하고있었습니다. 이야

142

기를 마친 뒤에 상 위에 놓여있는 **달걀** 한개
를 집어서 여러 사람에게 보이면서,

"여러분, 이 달걀을 이 상 위에다가 세워놓
을 수가 있습니까?"

하고, 물었습니다.

그러나, 여러 사람은 다만 얼굴을 서로 쳐다보
고만 있을뿐, 아무도 대답하는이가 없었습니다.

그래, 콜룸부스는 그 달걀의 한쪽 궁둥이를
상 위에다가 탁 쳐서 옴쑥하게 찌부러뜨려가지
고 딱 세워놓았습니다 그러고는, 여러 사람에게
이렇게 말을 하였습니다.

"여러분, 나는 이와 같이 달걀을 세웠습니다.
그러나, 여러분은 이것을 보고, "그게 무어야,
그런것쯤이야 아무라도 하겠다"고 생각하시겠지
요. 내가 아메리카를 발견한것도 이와 마찬가
지입니다. 만일 아메리카 발견이 아무나 하기
쉬운 일이라면 왜 나보다 먼저 발견을 못했
을까요? 남의 해놓은 뒤에 그것을 보면, 세
상에 하기 어려운것이 없습니다. 그렇지만 남
이 하기 전에는 어떠합니까?"

온 방안 사람들은 아무 말도 못하였습니다.
"콜룸부스의 **달걀**"이란것은 이 때부터 생긴 속
담입니다.

鄭寅承 編

속 담

가는 말이 고와야 오는 말이 곱다.
가던 날이 장날이라.
같은 값에 다홍 치마라.
개구리도 움쳐야 뛰어간다.
개천에서 용이 났다.
공든 탑이 무너지랴?
구슬이 서말이라도 꿰야 보배라.
금강산도 식후의 경치라.

나중 난 풀이 우뚝하다.
노루 꼬리 길면 얼마나 길까?
누울 자리 보고 다리 뻗으랬다.
느릿느릿 걸어도 황소 걸음이라.

닫는 말도 채찍을 쳐라.
달다고 삼키고 쓰다고 뱉으랴?
되로 주고 말로 받는다.
두 손뼉이 맞아야 소리가 난다.
둑개기보다 장 맛이 좋다.
등잔 밑이 어둡다.

말 많은 집은 장 맛도 쓰다.
먼 일가보다 가까운 친구가 낫다.
모난 돌이 정을 맞는다.
물이 깊어야 고기가 모인다.
물은 트는대로 흐른다.

발 없는 말이 천리 간다.
백지ㅅ장도 맞들면 낫다.
범에게 물려 가도 정신만 차리면 산다.
범의 굴에 들어가야 범의 새끼를 잡는다.
보기 좋은 떡이 먹기도 좋다.
부뚜막의 소금도 집어 넣어야 짜다.
불 안 땐 굴뚝에 연기 나랴?

산강 밑에서 숟가락 얻었다.
세살ㅅ적 버릇이 여든까지 간다.
소 잃고 외양ㅅ간 고치기라.
시작이 반이라.

아는 길도 물어 가랬다.
열ㅅ길 물 속은 알아도, 한길 사람 속은 모
른다.

鄭寅承 編

열 번 찍어 아니 넘어가는 나무가 없다.

열 사람이 백 말을 하여도, 듣는이의 짐작이
있다.

우물 안의 고기는 바다를 모른다.

우물을 파도, 한 우물을 파라.

입에 쓴 약이 병에는 좋다.

자라 보고 놀란 가슴 소댕 보고 놀란다.

잘 자랄 나무는 떡잎부터 안다.

접시밥도 담을 탓이라.

제비는 작아도 강남을 간다.

족제비 잡아 꽁지를 잘랐다.

좋은 노래도 너무 들으면 싫다.

쥐 구멍에도 볕들 날이 있다.

참새가 방아간을 거저 지내랴?

첫술에 배부를 수 있나?

초록은 한 빛이요, 가재는 게 편이다.

칡넌출도 벋어가는 한이 있다.

칼 물고 뜀 뛰기라.

칼날 쥔놈이 자루 쥔놈을 당할까?

콩 심은데 콩 나고, 팥 심은데 팥 난다.
크고 달고 값싼 참외.
키 작은 사람이 담대하다.

타고 난 재주 하나씩은 사람마다 있다.
태산이 높다 하되, 하늘 아래 뫼로다.
터를 닦아야 집을 짓는다.
토끼 둘을 쫓다가는, 하나도 못 잡는다.
틈난 돌이 깨지고, 금간 독이 터진다.
티끌 모아 태산이라.

팔백냥으로 집을 사고, 천냥으로 이웃을 산다.
팔이 들이굽지 내여굽나?
편한 개 팔짜 부럽지 않다.
풋고추에 절이김치라.
풍년에는 흉년 생각을 하라.
핑계에 닭 잡아 먹고, 오리 발을 내 놓는다.

하늘이 무너져도 솟아날 구멍이 있다.
하루ㅅ밤을 자도 만리성을 쌓으랬다.
허울 좋은 하눌타리.
혹 떼러 갔다가, 붙이고 온다.
흥정은 붙이고, 싸움은 말리랬다.

鄭寅承 編

12 수수께끼

1. 짐이 들 때는 무겁고 내릴 때는 가벼운것이 무엇?

2. 등 위에 배꼽 달린것이 무엇?

3. 등엔 뿔 난것이 무엇?

4. 마를쑤록 무거워지는것이 무엇?

5. 늙을쑤록 살찌는것이 무엇?

6. 늙어가면서 이가 나는것이 무엇?

7. 일할 때는 모자를 벗고, 쉴 때는 모자를 쓰는것이 무엇?

8. 아우는 형의 집에 들어가도, 형은 아우의 집에 못 들어가는것이 무엇?

9. 위에서는 두놈이 산술 공부를 하고, 아래에서는 한놈이 그네뛰는것이 무엇?

10. 등은 앞으로 두고, 배는 뒤로 둔것이 무엇?

【대　　답】

① 숟가락. ② 소댕. ③ 지게. ④ 늙은이 다리. ⑤ 도배한 벽. ⑥ 버들고리. ⑦ 만년필. ⑧ 그릇. ⑨ 괘종. ⑩ 정갱이와 장딴지.

13 애국가

鄭寅承 編

동해 물과 백두산아 마르고 닳도록
하느님이 보호하사 우리 나라 만세.
　무궁화 삼천리 화려한 강산
　대한 사람 대한으로 길이 보전하세

남산 위의 저 소나무 철갑을 두른듯
바람 이슬 불변함은 우리 기상일세
　무궁화 삼천리 화려한 강산
　대한 사람 대한으로 길이 보전하세

이 기상과 이 맘으로 충성을 다하여
괴로우나 즐거우나 나라 사랑하세.
　무궁화 삼천리 화려한 강산
　대한 사람 대한으로 길이 보전하세.

14 한글 노래

세종 임금 한글 펴니, 스물 여덟 글자
사람마다 쉬 배워서 쓰기도 편하다.
슬기에 주린 무리, 이 한글 나라로
모든 문화 그 근본을 밝히러 갈꺼나

온 세상의 모든 글씨 견주어 보아라.
조리 있고 아름답기 으뜸이 되도다.
슬기에 주린 무리, 이 한글 나라로
모든 문화 그 근본을 밝히러 갈꺼나.

오래ㅅ동안 묻힌 옥돌 갈고 또 닦아서,
새 빛 나는 하늘 아래 골고두 뿌리세.
슬기에 주린 무리, 이 한글 나라로
모든 문화 그 근본을 밝히러 갈꺼나.

15 어릴 적 마음

鄭寅承 編

노 산

봄은 또다시 와, 이 땅을 꾸미네
오늘 하루도
하늘엔 채색 구름이 수없이 떠 있었네.

동쪽 먼 산 하늘에 구름 두어 점,
석양을 받아,
가막조개 속 같이 엷게 붉었네.

가어 다니는 저 구름을, "하늘누에" 라 하랴?
달팽이라하랴?
어릴 적 내 타고 놀던 "강아지" 라고나 하
랴?

손ㅅ길 치며 "오요요…" 부르고싶은 마음,
아름다와라,
구름을 바라보며, 내 옛 마음 귀어웁더라.

16 구멍 뚫린 고무신

여 심

열년 내내 다 가도, 겨울도 없고, 봄도 없고, 가을도 없고, 오직 무더운 여름만 있는 남쪽 나라, 거기에는 빠나나, 파이내플, 비파 따위 맛 좋은 실과 나무가 무럭무럭 자라나는 나라입니다. 그 땅을 가리켜 남양이라고 하지요. 남양에는 섬이 많습니다. 가 없는 망망대해에 쫄망쫄망한 섬이 대여섯개씩 머리를 뾰족뾰족 내밀고 있는것이 마치 숨바꼭질을 하는것 같습디다.

파란 바다ㅅ물이 찰락찰락 넘나드는 해변에는 눈 같이 흰 모래밭이 쪽 깔려있고, 그 뒤에는 껑충껑충 하늘 닿게 키큰 야자나무들이 선선한 바람을 맞아 너울너울 춤을 추고 있습니다. 바로 그 뒤로는 넓따란 평야에 고무나무 밭이 무성해 있습니다.

이 고무나무 한편 구석에, 한날 한시에 두개의 조그마한 고무나무가 흙을 뚫고 땅 밖으로 솟아 올라왔습니다.

"야, 세상이란 너르기도 하구나!"

하고, 한 고무나무가 손뼉을 치면서 소리쳤습니다. 다른 고무나무는 눈을 비비면서,

"아이구, 세상이란 어떻게도 밝은지, 눈이 부시어 눈을 뜰 수가 없구나. 땅ㅅ속은 그렇게도 어둑컴컴하더니!"

하고 중얼거리었습니다.

이 어린 두 나무의 말을 듣고 큰 나무들은 "하하" 하고 웃었습니다. 그들은 세상에 나온지 오래인만큼, 이 두 어린 나무의 춘전스러움을 비웃는것입니다. 그 큰 나무들은 모두들 제가 제일 잘난체하고 뽑내기를 좋아하였습니다.

영양분 많은 땅ㅅ속에 깊이 뿌리를 박고 신선한 공기를 마음껏 마시며, 따스한 햇빛에 덕인 목욕하는 두 어린 고무나무는 흠씬흠씬 자라났습니다. 키도 크고, 잎사귀도 벋고, 몸도 통통해 가지고, 그리고 목이 너무 말라서 답답한 때쯤이 되면, 마음씨 좋은 구름할머니가 훨훨 날아와서, 주룩주룩 비를 한철격 내려주면, 고무나무들은 잎사귀를 하늘하늘 춤을 추면서 상쾌하게 목욕을 하는것이었습니다.

이리하여 여름, 또 여름, 또 여름, 여름만으로 몇 해가 어느덧 지나가버렸습니다. 외롭은 두 고

鄭寅承 編

무나무는 마치 쌍동이 자라듯 꼭 같이 무럭무럭 자라서, 인제는 아주 어른 나무들이 되었습니다.

그랬더니, 이런 슬픈 일이 있습니까? 어떤 날 하루 온종일 몸이 숯덩이처럼 까만 벌거벗은 토인 하나가 뾰족한 칼을 들고 다니면서 나무 껍질을 쭉쭉 벗깁니다. 그통에 쌍동이 나무의 아우 나무도 그만 "아야" ㅅ 소리를 지르며 가죽이 쭉 찢어졌습니다. 그러나 웬 일인지, 형 나무는 가죽을 펏지 않고 그냥 지나가버렸습니다. 아우 나무의 몸으로부터 찐득찐득한 피가 줄줄 흘러내렸습니다. 그 피는 나무 밑둥까지 와서 거기 놓여 있는 양철 그릇에 가득히 피었습니다.

사랑하는 동생의 몸에서 피가 줄줄 내리는것을 보는 형님 나무는 마음이 몹시도 아팠습니다마는 어쩔 수 없는 일이었습니다. 그 아픈 상처를 좀 어루만져라도 주고싶었지마는, 나무는 바람이 오지 않으면 잎사귀도 마음대로 움직이지 못하는것이므로, 할ㅅ수없이 애만 태우고 있었습니다.

그러자, 이 불쌍한 처지를 본 바람님이 해변

154

으로부터 슬슬 날아와서 형 나무의 잎사귀를
흔들흔들 흔들었습니다. 그러니까 형 나무 잎사
귀는 팔아 미치는데까지 아우 나무의 상처를
살살 문질러주었습니다. 그랬더니 그 상처도 곱
게 물어버리고, 아우 나무도 다시 건강한 나무가
되었습니다.

그러나, 아우 나무로부터 흘러내려 통에 가득
히 찬 피스덩어리는 어떤 날 검둥이 사람의
손에 붙들려서 어디론가 가게 되었습니다. 그것
을 보내는 쌍둥이 나무는 아무 말도 못하고
묵묵히 눈물만 흘렸습니다.

가는 방향도 모르고 붙들려 온 피스덩어리는
어디론가 한참 가서 다른 여러 고무나무의 피스
덩어리들과 한데 뭉쳐졌습니다. 그래 커다란 덩
어리가 되어가지고 커단 통에 들어 앉았습니
다. 사람들이 그 통을 메어다가 집채 같이 큰
배의 움ㅅ속에 들이밀었습니다.

고무 덩어리는 큰 배를 타고 뭉쿵뭉 하면서
밤낮 열흘을 갔습니다. 그리고는 배에서 내려서
다시 기차를 타고 풍풍 식식 하면서 또 이틀을
갔습니다. 기차에서 내려서는 다시 화물자동차를
타고 한 시간 가량이나 가더니 어떤 고무신

공장 마당에 쿵하고 떨어졌습니다. 그 동안을
눈무 덩어리는 어두운 통 속에서 잠만 자고 있
었습니다. 그가 잠자고 있는 동안에 자기 몸이
남양을 떠나 조선으로 온줄은 꿈도 못 꾸고
있었었지요. 마침내 그들을 담은 통 뚜껑이 열
렸습니다.

"아이구, 여기가 어디야?"

하고, 고무 덩어리들은 처음으로 조선 구경을
하는 기쁨에 숨이 막힐 지경이었습니다. 그러
나, 참으로 오래간만에 바깥 바람을 쐬는 기쁨
도 잠깐이고, 그들은 곧 다시 어둑컴컴한 공장
속으로 들어가서, 이글이글 끓는 가마 속으로
던져어졌습니다. 가마 속에서 구역질이 나는, 고
약한 약과 함께 섞이어 얼마를 돌아가다가, 거
기서 나와서 밍글밍글 도는 롤러 사이를 비집
고 나오니, 그 고무는 넙적넙적한 판대기처럼
되었습니다.

이의 고무 판대기들은 크고 작게 잘리어가지
고, 꽃 같은 여자 직공들이 줄을 지어 서 있는
공장으로 나아갔습니다. 영양부족에 길리의 얼굴
빛이 노랗게 된 여자들이 둘쳐 서서, 서로 떠
밀고 아웅심을 치면서, 한조각씩 일어가려고 싸

움을 하는것을 볼 때, 고무는 그만 마음이 섬
적했습니다.

우리 불쌍한 고무 판대기는 마침내 피피 마
르고 비틀바틀하는 어떤 여자에게 붙잡혔습니
다. 그 여자는 나는듯이 자기 자리로 가 앉더
리, 번개 같이 빠른 솜씨로 고무신을 붙입니
다. 고무신 한 쪽을 붙이어놓자, 그 여자의 어
머니 되는 늙은 할머니가 젓먹이 어린애를 업고
왔습니다. 고무신을 붙이던 색시는 일을 그치
고, 그 아이를 받아 안고, 가슴을 헤쳐, 젖꼭지를
갖다 물려주었습니다. 그러나, 아기는 몇모금 빨
지 않아 젖이 말라 안 나오기때문에, 젖꼭지를
놓고, "으아" 울기 시작했습니다. 색시는 아기를
이 젖 저 젖으로 자꾸 옮겨 물리면서 젖을
눌렀으나, 젖은 시원히 나오지 않아 아기는 그
냥 울기만 합니다. 할 수 없이 할머니가 와서, 우
는 아기를 도로 업고 나갔습니다. 배고파 우는
아기의 안타까운 울음소리가 차차 멀어집니
다. 색시의 눈에서도 구슬 같은 눈물이 뚝뚝
떨어집니다. 이 광경을 보는 고무신은 기가
막혔습니다마는, 자기도 어찌할 수가 없어서 그
낡고 더럽고 냄새 나는 상 위에 묵묵히 앉아

있었습니다.

그 이튿날 이 고무신은 흰옷 입은 사람들이 많이 왔다갔다하는 큰 길거리에 나앉았습니다. 이 거리 구경이야말로, 고무신은 꿈도 못 꾸었던 장관이었습니다. 어찌나 번잡하고 현황스러운지, 처음 얼마ㅅ동안은 정신을 차릴 수가 없었습니다. 여러 사람이 신을 사러 와서, 이 고무신을 들고 보다가는,

"신도 못되게 지었다."

하고는 도로 놓고, 그 옆에 있는 다른 신을 샀습니다. 이 고무신은 사가는 사람이 없어서, 여러 달을 그 자리에 우두머니 앉아 있었습니다. 자기 옆으로는, 그 동안에도 벌써 여러 동무들이 팔려 가고, 새 동무가 왔다가 또 팔려 가고 했으나, 이 신은 팔려 가지 못하고, 그냥 물러나 있었습니다. 주인도 마지막에는 골이 나서,

"이 신은 내버릴 수도 없고 어쩐담!"

하고 한탄하였습니다.

이 불쌍한 고무신은 참으로 슬펐습니다. 그랬더니, 마침 그 날, 어떤 더러운 옷 입은 노동자 하나가 들어와서 그 신을 잡았습니다.

"이 신이 얼마요?"

"그까지ㅅ것 밀쳐서 팔지요. 오십전만 내시오."

이리하여 아무도 원하지 않던 이 신도 마을 내 팔리어 갔습니다. 이 신을 사간 노동자는 이 고무신을 퍽 귀애했습니다. 그래서 그 해 겨우내 신고, 또 다시 봄내 신어서, 한편 구석이 짛어졌습니다. 그러나 노동자는 그 신을 내바라지 않고, 찧어진 자리를 실로 꿰매어 다시 신었습니다. 고무신은 자기 주인이 그처럼 귀애해주는것이 말할 수 없이 고맙고 또 행복스러웠습니다.

그러나, 가을도 지나가고 겨울이 되었다가 다시 봄이 될 때, 고무신 바닥에는 커단 구멍이 뚫어지고말았습니다. 그래서, 그렇게 아끼고 귀애하던 주인도 인제는 정말 쓸 수 없다고, 쓰레기통에 내버렸습니다. 구멍 뚫린 고무신은 그 쓰레기통 속에서 혼자 엉엉 울었습니다마는 아무도 위로해주는이도 없고 오직 옆에 있는 반쯤 썩어가는 막대기가 듣기 싫고 떫다고, 그 큰 눈을 부릅뜨고 바라마볼뿐이었습니다.

며칠 후에, 그 구멍 뚫린 고무신은 마서 그 쓰레기통을 떠나 화물 수동차를 타고 한참 가보니, 거기는 인가도 없는 넓은 벌판인데, 그 한구퉁이에 되는대로 내버리어졌습니다. 그리고 그 옆에는 고약한 냄새가 나는, 더러운 물건들이

鄭寅承 編

숨이 막힐듯이 쌓여 덮였습니다. 그 밑에서 불쌍한, 구멍 뚫린 고무신은 울고 울어서 눈이 뚱뚱 부었습니다.

며칠을 그렇게 지내느라니까, 비가 몹시 내렸습니다. 비가 내려오면서, 고무신 위에 덮인, 더러운 물건을 모두 씻어버리고, 고무신을 깨끗하게 목욕시카어주었습니다. 그러더니, 저도 모르게 고무신은 물결에 휩쓸리어 어디론가 떠내려가고 있었습니다. 굴을 어렵게 지내고나니까, 커다란 강이 되고, 그 강을 따라 한참 흘러가니까 망망대해가 되었습니다. 사방을 다 돌아보아도 육지가 보이지 않는 넓은 바다 위에서, 구멍 뚫린 고무신은 방향도 모르고 물결이 지시하는대로 둥둥 떠갔습니다. 하루 가고, 이틀 가고, 한 달 가고, 두 달 가고, 한 해 가고 두 해 가되, 그냥 육지는 보이지 않고, 사방에 사나운 물결만이 출렁출렁 춤을 추었습니다.

"이러다가는, 내가 고만 물에 빠져 죽고말지 않을까?"

하고, 구멍 뚫린 고무신은 겁이 나서 죽을 지경이었습니다.

그랬더니 보십시오. 어떤 날 새벽에 구멍 뚫린 고무신이 눈을 떠 보니, 멀리, 그립고도 낯익은 야자나무가 보이었습니다.

"저 야자나무, 저 야자나무!"

그것은 불쌍한, 이 구멍 뚫린 고무신의 고향이었습니다. 그 야자나무 귀에는 그리운 형님이 계었을것입니다. 고무신은 "형님, 형님!" 하고 불렀습니다마는, 물결 치는 소리가 너무 세어서 들리지 않았습니다. 그리고, 고무신은 발이 없어서 걸어갈 수도 없으므로, 해변에 누운채, 감시도 쉬지 않고 고무나무밭 쪽을 바라보았습니다.

그러나, 해변에서 멀리 떨어져 있는 형님이, 이 구멍 뚫린 고무신이 왔다는것을 알 재주가 없었습니다. 그러자, 세찬 바람과 함께 산떼미 같은 물결이 쫙 하고 몰려오더니, 그 구멍 뚫린 고무신을 물거품 속에 휩싸가지고 다시 넓은 바다 위로 끌고 달아났습니다. 불쌍한 고무신은 놀랍기도 하고, 섭섭도 해서, "형님, 형님!" 하고 불렀으나, 물결 소리때문에 도무지 들리지 않았습니다.

불쌍한 이 고무신은 또다시 고향을 쫓겨나서, 그 넓은 바다 위로 정처도 없이, 물결의 떠미는대로, 둥둥 떠돌아다니는 신세가 되고말았습니다. 아마 지금도 그냥 떠돌아다닐것입니다.

17 우스운 참새들

아러한 참새도 있습니다.

한마리 인데요. 그것이 여물어빠진 발벼 이삭에 가서 옆으로 달라붙었습니다. 그래, 고대로 앞을 두고 매달리니까, 무게에 눌려서 그 이삭이 점점 휘어져갑니다. 그래서, 그 이삭하고 참새하고 가 죽 처져버렸습니다. 마침내 그 이삭이 눌어져서 꽁지가 땅에 닿을만하니까, 후루루 날아서, 공중에서 포드득거리면서 아주 세상 만난것 같습니다.

그리다가 또 이삭 끝에 가 매달려서, 처져오면 또 먼저처럼 후루루 날아갑니다. 이 것을 다만 혼자 백번 천번 하고있습니다. 하릴없는 어린애올시다.

이것도 먼저스것과 같습니다.

참새가 한마리 수수ㅅ대 끝에 앉았습니다. 참새는 수수 이삭하고 흔들거리고있었습니다. 바람이 있었습니다. 보고있자니까, 수수ㅅ대가 중허리에서부러 흔들흔들 흔들거리더니, 바람이 세어졌는지 그 수수ㅅ대가 참새 있는데서 점점 모로 누워옵니다. 그래도 참새는 날아가지 않고, 건달

수 있기까지 눌어붙어서 꼼짝 아니합니다. 그리
다가 마침내 몸이 수수ㅅ목하고 수직을 이루게
되어져 잠깐 어쩔 수 없게 되면, 겨우 이삭을
며나서 공중에서 포드득거리면서 찍찍거립니다.
이런 장난은 여간 짓궂은 장난이 아닙니다.

그런데, 제일 우습고도 애꿎은것은 청량리 연못
에서 멱감던 참새이었습니다.

그것은 아마 까치가 뒤ㅅ물하는것을 보고 그
만 배위가 당긴것이겠지요. 까치가 찰떡찰떡, 하
얀 물ㅅ방울을 흩뿌리면, 참새도 두세머리 저쪽
연ㅅ잎 밑에서 바지락바지락합니다. 더운 날, 한
ㅅ여름 고요한 별을 뒤집어쓰고, 우습다는듯이
자칫 날개를 물에 담그고 바시락바시락합니다.
마치 분총을 놓는것처럼 물ㅅ방울을 튀기면서,
눈이 돌도록 머리를 흔듭니다.

겨울이 되어서, 연못에는 무거운 얼음이 얼었
습니다. 어느 날 아침에 우연히 보니까, 참새가
한마리 잘못 날다가 얼음 위에 떨어지자, 그냥
쪼로록 미끄러졌습니다. 요것 깨소금이라고, 다시
날개를 펴가지고, 조그만 두 다리로 깨치있게몸
을 잦히니까, 쪼로록 나갑니다. 그래, 넘어질뻔하
게 된 때, 질색을 해서 가장자리 마른 연ㅅ잎

鄭寅承 編

애 풀당겼습니다. 쩍쩍쩍.

그랬더니, 또 다른놈이 그것을 보고 고소했던 지, 쩍쩍쩍, 머리를 소곳한채 쪽쪼그르르 나가다 가 미끄러쳐서 코방아를 찧었습니다.

이번에는 또 세째ㅅ놈이 쪽쪼그르르 나가다 가, 세 걸음만에 미끈덩하여 궁둥방아를 찧었습 니다. 쩍쩍, 쩍쩍쩍.

그래 세마리 참새는 그만 좋아라고 죽겠답니 다. 번갈아서 그저 쪽쪼그르르, 예쁜장스럽기는 한량이 없었습니다.

이럴 참새가 모이면, 무슨 큰일이나 생긴듯이 쩍쩍쩍하고 떠듭니다.

어떤 때는 숱하게 처마에 나와서 한마리가 전보ㅅ줄 위에서 줄타기 같은 것을 하면, 그만 좋아서 야단이올씨다.

참새는 천생 재롱장이, 첫구럭어, 우스개장이어 서, 맘만 내키면 덕없이 좋아해서, 도대체 죽을 판이올씨다.

18 조선 청년의 용단력과 인내력

鄭寅承 編

도 산

방황과 주저가 큰 원수

오늘 조선의 청년들 앞에는 큰 원수가 있습니다. 이것이 무엇인줄 아십니까? 또 이것을 알면 이것을 쳐 이기려합니까? 오늘 조선 청년들 앞에 공으로나 사로나 막히어 있는 큰 원수는 곧 "방황"과 "주저"외다. 할까 말까 하여 "말까"에 머물러 있는것이 "방황"이요 주저외다. 이것은 우리에게 무서운 적입니다. 이 적에는 공적도 있고 사적도 있습니다. 우리는 지금 전 민족적으로 파멸의 지경에 처하여 있습니다. 우리가 만일 급히 덤비지 않으면, 아주 영멸하는 지경에 들어가겠습니다. 그러나, 여기 대하여 앞을 헤치고 나아가지 않고, 방황하고 주저하고있는것은 이것이 "공적"이외다. 또 사람마다 자기의 살아나갈 일을 자기가 해야 됩니다. 그러나, 자기 개인의 살아나갈 일을 자기가 하지 않으면, 자기 개인의 생존까지도 말못되는 경우에 빠집니다. 그러니 여기 대하여 알아차리어서 나아가지 않고, 방황하고 주저하여 있는것이 "사적" 이외다.

옳고 그름을 판단하라

흔히는 저 하는 일이 옳은지 그른지 자세히 몰라서 방황하고 주저합니다. 예를 들어 말하면, 공부하는것, 농사하는것, 장사하는것…… 이러한 것들이 우리의 지금 다시 살아날 운동을 하는 데에 맞는가 안 맞는가 하여 방황하고 주저합니다. 심지어 어떤이는 이러한것들을 하고있는이는 이 운동을 하지 않는 사람이라 하여 비난하고 공격합니다. 그러하나, 비기어 말하면, 그물 질하는 사람만을 어업자라 하고, 고기잡기 위하여 그물을 만들며, 양식을 나르는 사람은 어업자가 아니라고 하겠습니까? 또 총 대고, 싸움 터에 나선 사람만을 전쟁하는 사람이라 하고, 뒤에 있어서 군기를 만들고 군량을 장만하는 사람은 전쟁하는 사람이 아니라 하겠습니까? 앞에서 직접행동을 하는이나, 뒤에서 간접행동을 하는이나 다같은 그 일의 운동자입니다. 그러니, 지금 배울 기회 있을 때에 배우고, 벌이할 기회 있을 때에 힘이하다가, 그보다 더 긴급한 일이 있을 때에는 다 다시는것이 옳습니다. 그러므로 이 일이 그 운동에 관계가 없는가 하여 방황하고 주저하지 말것이외다.

방황의 결과는 낙망

이 일이 옳은가 그른가, 이 일을 할까 말까 하여 방황하고 주저하면, 거기는 고통이 생깁니다. 또 결국은 낙망합니다. 낙망은 청년의 죽음이요, 청년이 죽으면 민족이 죽습니다. 나아가면 될 일이라도 안 나아가서 안 됩니다. 또 낙망한 뜻에는 남을 원망하게 되고, 심하면 남을 죽이게까지 됩니다. 이 얼마나 위험한 일입니까? 그러하므로 방황과 주저는 우리의 큰 원수라고 합니다. 또 나의 이 몸을 조선에 바치어 일할까 자기를 위하여 일할까 하여 모호 몽롱한 가운데 있는이가 많습니다. 이 점에 대하여서도 어느것이 옳은지 분명히 판단할 필요가 있습니다. 한가지 분명히 할것은, 공부도, 농사도, 장사도 아무것도 아니하고, 놀고, 입고, 먹고, 떠돌아 다니면서 방황하는것은 아무 이익이 없고, 다만 큰 해독만 끼치는것이외다. 또 언제든지 다 배워가지고, 다 벌어가지고, 나아가서 일한다고 하면, 큰 잘못이외다. 배우는이나 벌이하는이가 다 조선을 위하여 힘 닿는데까지 배워나아가고 일하여나아가면 되는것입니다.

깨달은바를 용단하라

남이야 알건 모르건, 오늘 조선의 청년 된이는, 조선 민족을 위하여 무엇을 어떻게 할까? 를 스스로 연구하고 참고하여 옳다 하는바에 뜻을 세우고, 그 세운바를 다른 사람에게 선포하여 함께 나아갈것이외다. 이것이 오늘 조선 민족의 다시 살아날 길이외다. "무엇이 옳다고 생각나거든 그것을 곧 붙잡으라. 그렇지 아니하면 큰 기회를 놓치나니라." 이 말은 우리가 늘 가져야둘 말이외다. 일에 대하여 도덕적과 이해적으로 헤아려보아, 선하고 이하거든, 이하되 공공한 이가 되거든, 그렇게 하기를 용갑히 결단할 것이외다. 이 용단력이 없으면 대개는 방황 주저하게 됩니다. 또 목하에 안 될것만 보지 말고, 장래에 될것을 헤아리어 순서를 밟아 나아갈것이외다. 한번 놓친 기회는 대개는 다시 얻기 어렵게 되는 법이외다.

끝까지 참는 힘을 기르라

오늘 조선의 환경은 사회 도덕 방면으로든

지, 경제 방면으로든지 모두 심히 어렵습니다. 이러한 어려운 환경에서 이것을 헤치고 나아가려면, 참고 견디는 힘이 있어야 하겠습니다. 그러므로, 이러한 비관과 낙망할만한 처지에 있는, 오늘 <u>조선</u>의 청년은 특별히 인내력을 길러야 되겠습니다. 그래서, 첫째, 옳다 하는 일에 밝은 판단을 내리고, 둘째, 판단한 일을 끝까지 잡고 나아가야 되겠습니다. 그러면 성공이 있습니다. <u>조선</u> 청년의 방황과 주저하는것이 아주 소멸되고, 무엇이나 한가지를 잡고 나아가는 날에야 <u>조선</u> 사람의 다시 살아나는 일이 시작되겠습니다. 무엇이든지 그 때의 경우와 생각에 옳아보이는것을 잡고 나아가면 끝에 가서는 그보다 더 좋은것이 나옵니다. 그러나 지금 당한 경우와 기무를 심상히 여기고 붙잡지 아니하면 그의 신세는 방황에 영장하고말것입니다.

끝으로 한마디 말씀을 여러분에게 선사합니다. "어떤 신이 무심중에 와서 돌연히 내게 묻기를, 너는 무엇을 하느냐?" 할 때에, "나는 아무것을 하노라"고 서슴지 않고 대답할 수 있게 하라.

192 년 새봄에

鄭寅承 編

19 먼저 "나"를 찾겠소
호 암

1926년 겨울 어느 잡지 기자로부터 "만일 당신이 다시 스무살의 청년이 될 수 있 다면?" 하는 문제를 받고 대답한 말씀.

"사람의 마음 가운데에서 모든 공상과, 망념 과, 허영과, 자만을 빼어버린다 하면, 곧 마른 나무나, 죽은 재와 같이 되고말것이라." 함은 영 국 어느 철학자의 말이어니와, 나는 이 공상과 망념으로 말미암아 오늘날까지의 실패에 실패를 거듭하였습니다.

실패라 함은 내가 나를 모르고, 또 내가 나 를 죽이어가면서, 부질없이 무슨 환상을 따라가 다가 본즉, 등이 차고 배가 고파서 더 나아갈 용기가 없게 되었습니다. 이에 등이 따뜻하고 배가 불룩할 때에, 세상이 이만인가 하던 그 공막한 인생철학이 여지없이 무너지고말게 되었 습니다.

그리하여 아무 맵성이 없고, 아무 자작이 없 이 살아오던 나로서도 스스로 나의 과거 생활을 통하여 볼 때에 많이 뉘우치는바가 있습니다.

그러므로, 지금 글으집에 대하여, 그전 같으면, 비행가가 한번 뛰어가지고 세계 일쭈의 비행을 하여보겠다든지, 혹은 자연과학을 잘 연구하여 무슨 신발견을 하여보겠다든지, 아무쪼록 장쾌한 대답을 할터입니다.

그러나, 심기일전한 오늘에 와서는 비행기 타기보다 먼저 마음 어거하기를 배워야 하겠고, 과학상 발견보다, 그 밖의 무엇보다도…… 먼저 "자기" 찾기를 힘써야 하겠다고 서슴없이 대답하려 합니다.

인생 행로의 방향을 결정할 청춘의 출발ㅅ점에 서서, 까딱하면 자기 자신을 잃고 기로에 방황하기 쉬우므로, 옛 시에도 "종일 봄을 찾으려고 산야로 헤매다가 봄을 찾지 못하고, 집에 돌아와 우잔ㅅ 매화ㅅ가지에서 봄을 찾고 빙그레 웃었다" 함이 있습니다. 나는 만일 나의 인생의 여름이 다시 인생의 봄이 될 수가 있다면,

　　먼저 나를 꼭 찾고,

　　다음 나를 잘 가르치고,

　　그리하여 사람다운 사람이 될

공부부터 하여보겠습니다.

20 그 아버지와 아들

최 원 복

이 날 아침에는 다른 때보다 훨씬 일찌기 산에 오르기로 하였다. 산이래아 거리에서 얼마 되지도 않는 곳, 세무서 바로 뒷ㅅ산이다. 그리 높지도 않고, 올라가면 산마루에 비교적 평탄한 길이 쭉 깔려 있어서, 세무서 담을 끼고 돌면 다른 한쪽으로 내려오게 되어 있다. 이렇게 가깝고 앝은 산이언만 아침마다 보아야 별로 오르는 사람이 많은것 같지 않고, 산마루의 길목에서 단장을 주책없이 휘두르다가 성악 연습을 하는셈인지 아리랑타령에 목청을 돋우곤 하는 무어 청년을 볼뿐이다. 위낙 사람이 많이 온다면 이런 욕심이 없을터이지만 날마다 이 길을 싫컬래 오곤 하는 이 두 청년이 나만의 천지를 침입하는양해서 나는 적이 불만하였다. 그래서 이 날 아침은 새벽 일찍기 선등으로, 고요한 산인덕의 새벽을 혼자 즐기고자하는것이었다.

아이도 참이 덜 깨었는지 심술난겼 모양으로 찌무룩하여 말 없이 꽁무니만 따르던 귀돌이

172

(열 비쌀 된 일하는 계집애)가, 새무서 윗쪽
지름스길을 불어 산러에 올랐을 때에야 비로쇼
입이 떨어졌다.
　"언니, 여느 때보다 이른것 같애."
하고는 눈을 비빈다.
　"그래, 좀 이른가 보다. 왜, 너 여태 졸리
니?"
　"아니, 지금은 정칩이 나. 저기, 날마다 오던
사내사람들두 없구, 참, 좋지?"
　"너도 사람 있는게 싫구나!"
나는 속으로 중얼거리면서 까닭 없이 웃었다.
　동녘 하늘엔 저우 산머리와 윤과만이 금스
빛 면뮤관 하래 어렴풋이 드러났을뿐, 사방은
어둑어둑한데 새벽 기운이 가을날처럼 싸늘하
고, 밤 밑의 이슬이 유난히 차겁다. 우리는 재
일 높은 잔스동성이에 가서 시가지와 반대되는
쪽을 바라보면서 섰다. 논 벌판에 아직 사람이
라곤 없고, 도랑스길에서 백로가 기지개 펴듯
무겁게 날아간다. 안개는 산 허리를 자욱이 싸
돌고, 멀리 들렀선 뫼스부리들은 흡사히 바다에
뜬 섬들을 보는것 같아서, 꿈 같은 생각이 안
개 자옥한 지평선 넘어로 달아난다. 천너 언덕

산비탈에 조개 접질 같은 초가집들이, 마치 밭고랑어 누비이불처럼 덮인 속에서 조는듯 소곳이 기대어 있다. 넓은 하늘엔 새 한마리도 눈을 자극하는것이 없고 온 천지가 내차지인것 같아서, 마음이 흐뭇하였다.

'빨ㅅ건을' 다서 옮기어 내가 좋아하는 소나무 침침한 숲속으로 가려할 즈음이다. 바로 그쪽에서 이리로 향하여 뛰어 올라오는것 같은 사람의 기척이 들린다. "애크, 그자들이로구나" 직각적으로 이렇게 깨달았을 순간, 거의 실망에 가까운 불쾌를 느까었다. 맛있는것을 혼자 먹다가 들킨 사람처럼, 까닭 없이 가슴이 울렁거렸다. 그런데 올라오는것은 그자들이 아니라, 의외에도 나어린 소년이 아니었던가! 겨우 소학교 열이 학년쯤밖에 안 되어 보이는, 하복 입은 소년이다. 두 볼이 능금쪽처럼 새빨개가지고, 아춘ㅅ방울 같이 영롱한 눈을 반짝거리면서 할딱할딱 뛰어 올라오는양이 어찌도 귀여운지, 훌쩍 접어 안고싶은 충동을 느끼었다.

"애, 너 혼자 이렇게 올라오녀?"

내 입에서 이런 말이 떨어졌을 때에 내 몸은 어느새 그 소년의 앞을 가로막고 있었다. 소년

은 귀찮다는듯이 약간 이맛살을 찡긋하고 쳐
물 돌아보더니 귀염스럽 있게 웃어보이던서, 그
대로 뛰어 달아난다. "옹! 뒤에 누구라 올라
오는구나!" 때 집작이 맞았다.

뒤에 따라 올라오는것은 소년의 집 머슴인
듯 군대군데 기운, 진흙빛 무명 고의적고리에,
털수룩한 중년 남자다. 그가 내 있는데쯤 와서
어릇멍멋하는것을 보더니, 어느새 소년이 와프로
뛰어 올려 왔다.

"애 이거 내가 적고왔구나, 뭐히!"

꽤 왜활한 사람인것 같다.

소년은 아까 대답 못한것이 미안하다는듯이
나를 보고,

"저 앞뒤치하고 뭐하고 경주를 했는데, 내가
이겼더라요!"

한다 "아버지"? 나는 깜짝 놀랐다. 어디로 보
든자 소년의 집 머슴으로밖에 보이지 않는 그
가 소년의 아버지라니? 나는 그 아버지와 아
들이 너무도 외양으로 현격함에 잠깐 멍하니
말이 없었다.

"참 용하구나! 어쩌면 그렇게 잘 뛰너?"

나는 한참만에야 싱겁게 대답을 잔바고서 소

넘의 얼굴을 살펴었다.

"아버지, 어저께는 내가 하마터면 질땐했어도, 오늘은 아버지가 혼났지 뭐!"

하면서 소년은 좋아서 못 견디겠다는듯이 깔깔거린다.

"오냐, 아들은 아버지보다 더잘 뛰어야하는 법이란다. 더잘 먹고, 더잘 배우고, 일도 더잘 해야지."

아들을 바라보며 이렇게 말하는 아버지의 표정은 이긴 편보다 도리어 더 만족스러웠다.

"애, 우리 예서부터 저기 저, 나무 있는데까지 갔다, 오기 내기할까?"

"응, 그래요!"

그 아버지와 아들은 또 뛰기 시작하였다. 수풀진 산마루를 달리는 두 그림자를 보면서 나는 까닭 없이 흥분되었다.

"유쾌한 아버지다." 나는 산비탈을 내려오면서 이렇게 생각하였다. 짐짓을 나보다 좀더 낮게 기뻐하는 그 '아버지'의 거룩한 노력에 나는 경의를 품지 않을 수 없었다. 날마다 새벽 일찌기 오르는 그들을 나는 몰랐었구나! 제무서 오른쪽 모퉁이에까지 와서 나는 다시 한번 그

쪽을 훑어다보았다. 해는 어느새 떴는지, 안개가 편안개 뭉치는 산마루에서 아직도 이 두 그림자는 금ㅅ빛 햇ㅅ발 속에 풍덩거리면서 뛰고있었다. "오냐, 아들의 아버지보다 더잘 뛰어야하는 법이란다!" 웨ㅡ 그런지, 이 말이 도무지 잊혀지질를 않는다.

×　　　　×

그 후 나는 날마다 새벽 일찍기 산에 올라가기로 하였다. 하루도 때놓지 않고ㅡ그 아버지와 그 아들은 만나곤 하였다. 내가 늦는 날이면, 산밑 치름사걸로 아버지를 따라 쫄랑쫄랑 내려오는 소년을 형 낙없이 보았다.

나는 이 아침ㅅ동산이 말할수 없이 즐거워 일쾌이었다.

21 우리 집 정원

춘 성

우리 집은 조그마한 와가이다. 정원이라고는 겨우 손ㅅ바닥만한 화단이 있을뿐이다. 남들처럼 사시장철 시퍼런 상나무나 잣나무 같은것을 심 교싶지마는 그런 땅도 없고, 그럴 여유도 없 다. 또는 그렇게 호화를 하고싶지도 않다.

나는 이 조그만 정원에 내가 좋아하는 나무 몇을 심었을뿐이다. 해당화 한나무, 목수국 한나 무, 월계수 한나무, 그리고 등나무 하나이다. 작 년 봄에 등나무 하나를, 일금 사원 오십전을 주고, 인부 몇명을 시켜, 어이싸, 어이싸 하여가 며, 큰일이나 하는것처럼 마당 한편에 심어놓았 다. 나는 처음에 아침저녁으로, 물을 주고, 북을 주고, 온갖 정성을 다하여 나무를 살리려하였 다. 그러나 날이 가물고, 서향판이 되어서, 그 나 무는 좀처럼 살것 같지 않았다. 나는 그 나무 가 죽을까봐서 조바심을 하고, 하루에도 물을 제번 비번 주어가며, 어머니 공양하듯이 갖은 정성을 다하였다. 그랬더니 그 나무는 차차 업이 돋고 잎이 째지고 줄기가 뻗기 시작하여, 그의 시원하고 시퍼런 날개로 우리 집 마당을 덮어놓았다.

우리 집은 서향판이어서, 저녁때면 햇ㅅ볕때문에 늘 더위를 맡었으나, 이 둥나무를 섬은 뒤모는 우리 집 마당은 그늘 천자가 되어서 그 푸른 날개 밑에 의자를 놓고 한가히 앉아, 멀리 북악의 옛 성을 바라보는것은 여간 좋은 일이 아니었다. 더욱 이따금 쓰르라미가 둥나무에 와서 고운 목소리로 울고 가는것도 매우 시원하였다. 그리고, 고요히 눈을 감고 의자에 앉아 있느라면 맑은 바람이 누구의 호흡인듯이, 둥ㅅ잎을 창지럽게 흔들며, 작은 파동을 일으키는것도 더욱 시원하였다. 나는 아내가 어디 가고, 아이들이 나간 뒤에 혼자 고요히 앉아서 시간을 보내는것을 퍽 좋아하였다.

그리고, 담 옆에 무궁국 한나무를 섬었는데, 늦은 봄이면, 눈 같이 허연 꽃송이가 주먹처럼 다닥다닥 피는것은 한량없이 즐거웠다. 한껏 높고, 한껏 순결한 그 꽃의 모양! 저녁을 먹고 그 꽃 앞에 앉아서, 보고 보고, 몇백번이나 바라보는 그 재미는 여간 즐거운 일이 아니었다.

신의 앞에 앉은 듯, 혹은 사랑하는 사람의 얼굴이나 보는것처럼 유쾌하고 시원한것이었다. 나는 그 꽃을 보고 "나의 작은 천사"라고 불렀다. 수많은 명현들에게서 좋은 교훈이나 금언을 듣는이보다, 나는 이 꽃 한송이를 바라보는것이며 마음이 깨끗해지고 아름다와지는듯하였다.

그리고 한옆에 있는 해당화와 월계수는 그 붉고 정렬적인 점에 있어서, 나에게 적지 않은 자극과 파동을 주는것이다. 모든것을 태울듯 모든것을 물들일듯, 붉은 심장을 헤치고 나온듯한, 그 꽃을 볼 때에 나는 심령에 더운 맛을 느낄 수가 있었다. 쌀쌀하고, 차고, 미지근한, 이 세상에서 이리 몰리고 저리 몰리며 세상의 찬 것을 슬퍼하는 나는, 하루에 잠시라마 그 꽃을 바라보고 뜨거운 리즘에 취하는것은 여간 즐거운것이 아니다.

　　탈대로 다 타시오, 타다 말진 부디 말소.
　　라고 타시를 타서 재 될밴은 하려니와
　　타다가 남은 동강을 쓰울 곳이 없나이다."
이런 노찬의 시문 생각하며, 몇 걸음 그 꽃 아래에서 거니는것은 매우 유쾌한 일이다.
봄과 여름이면, 나는 이 조그만 정원에서 나

혼자 즐거운 명상에 잠기는것이다. 저녁을 먹고
등나무 아래서 스황개 크게 비치는 하늘의 별을
바라보며, 고요한 추억에 잠기는것도 좋거니와,
목수국과 해당화를 바라보며 나의 작은 가슴에
손을 내고 옛날의 내 정렬을 자결하여보는것은
대우 즐거운 일이다. 그리고 심장아, 뛰라, 마음
아 뛰어라, 너의 작은 생애를 피와 붉은 빛으로
물 들이라 내가 물이 되고 피가 되고, 그리하여
나중에 재가 되는것은 좋으나, 미지근하고 짤짤
한 물이 되어 혼자 들관을 내가는 생애를
하지 말고 혼자 격려하는것이다.

　손바닥만한 정원이요, 볼것 없는 정원이나
나에게는 작은 화원의 정원이요 명상의 요람터
이다. 안테우스의 이야기와 같이, 사람이 땅에서
떨어지면 힘이 줄어지고, 땅에 가까우면 활력이
생긴다고 자연사람을 땅을 가까이하고 자연의
아름다움을 배우는 곳에서 적지 아니한 즐거움
을 얻을 수가 있다.

鄭寅承 編

22 만물초

양 봉 태

풍암에서 서쪽으로 삼십리에 온정이 있고, 온정의 서쪽 육칠리에 발봉이 있고, 봉의 꼭대기에 옥녀의 머리감는 동이가, 수십개가 있고, 그 서쪽 사십리에 돌문을 뚫고나오는 시내가 있으나, 시내를 찾아 물으로 들어가 오륙리쯤 가면, 그 안이 훨쩍 터졌는데 옥으로 깎은듯한 봉우리들이 빙 둘러있고, 구슬로 새긴듯한 벼랑이 첩첩이 싸고있어 넌짓한 별천지를 이루었으되, 흙이라고는 한줌이 없으며, 이따금 풀 난것이 있으나, 범상한것은 하나도 없으며, 풀 앞에 서리서리 눈 같이 깔리고, 반들반들 얼음 같이 얼 간격이 몇 사이쯤이나 촘촘히 들여섰는데 인형 물형들로 생기지 아니한것은 하나도 없고, 그 수는 몇만 몇억이 되는지 알 수 없으며, 이리 생기고 저리 생긴것이 모두 살아있는듯하여 얼른 보매 놀라지 않을 수 없고, 자세히 살핀 뒤에야 돌인줄을 알게 된다.

사람으로 생긴것은 서있는이도 있고, 앉은이도

았고, 누운이도 있고, 일어난이도 있고, 마주 서서 여를 하는이도 있고, 어깨걸고 동무한이도 있고, 팔짱끼고 걸음걷는이도 있고, 활개치며 바쁘게 가는이도 있고, 말탄이, 소탄이도 있고, 양차는이, 왜지 차는이도 있고, 중으로 염불하는이도 있고, 선비로 글 읽는이도 있고, 예복 입고 어른 앞에 나온이도 있고, 발끝 맞춰 행렬지은이도 있고, 씨름하는이, 태껸하는이도 있고, 굳센 체 힘자랑하는이도 있어, 존비, 귀천, 상하, 대소와, 무릇 사람의 심정 형태치고는 없는것이 없으며,

물형으로 생긴것은, 용도 있고, 개도 있고, 까만도 있고, 봉황도 있고, 매, 수리, 사슴, 따위의 그 종류가 무수하여, 나는놈에 닫는놈, 뛰는놈에 기는놈, 날개 펴고 춤추는놈, 죽지 오므리고 모이 찾는놈, 고개 쳐들고 우는놈, 모가지 비틀고 졸고있는놈, 가랑이가 찢어지게 서로 쫓는놈, 고개를 한데 모으고 떼지어 있는놈, 드디 누워 잠자는놈, 달려들어 떠받으려는놈, 가지각색의 갖추갖추 있으며, 모 꼭 지적하여 무엇이야 하기는 어려우나, 이보다도 오히려 더한것이 있으니, 층층이 솟은 봉우리와 첩첩이 쌓인 산ㅅ

봉정이가 구름을 뚫고 서 있는것은 완연히 구중 궁궐이 반공이 솟은것이요, 날카로운 돌과 중중 첩첩한 바위가 하늘을 찔러 솟은것은 흡사히 기치창검이 삼사대 같이 나열한것이라. 이윽이 우러러보매, 저절로 경건한 마음이 나서, 그 앞에 머리 숙여 무릎을 아니 꿇을 수 없다. 아마도 조화옹이 인물을 창조할 때, 여기서 초잡았던것을 그대로 끼쳐둔것인가보다.

금강산을 보자 못하고는 천하의 기묘를 이야기하지 못할것이요, 만물초를 보지 못하고는 금강산의 기묘를 이야기하지 못할것이다.

23 물

상 허

鄭寅承 編

나는 물을 보고있다.

물을 처음 보듯 보고있다. 물은 아름답게 흘러간다.

흙 속에서 스며나와, 흙 위에 흐르는 물, 그러나, 흙물의 아니오, 정한 유리그릇에 담긴듯 티없이 맑은 물, 그런 물이 풀人잎을 씻으며, 조약돌에 잔 물결을 일으키며, 푸른 하늘 아래에 즐겁게 노래하며 흘러가는것을 고요히 그 옆에 앉아 바라보고 있다.

물은 얼마나 아름다운가? 흐르는 모양, 흐르는 소리도 아름답거니와, 생각하면 이의 맑은 덕, 남의 더러움을 씻어주기는 할지언정, 남을 더럽힐줄 모르는 어진 덕이 그에게 있는것이다. 이를 대할 때, 얼마나 마음을 맑힐 수 있고, 이를 사귈 때, 얼마나 몸을 깨끗이 할 수 있을것인가?

물은 진실로 아름다운것이다.

물은, 보면 즐겁기도 하다. 그에게 안재든지

커다란 즐거움이 있다. 여울을 만나 노래할 수 있는것만, 그의 즐거움은 아니다. 산과 산으로 가로막되, 덤비는 일 없이, 고요한 그대로 괴고 괴어, 나중에 넘쳐 흘러나가는, 그 유유 무언의 낙관, 얼마나 위대한 즐거움인가요 독에 퍼 넣으면, 독 속에서 그대로, 땅 속 좁은 철관 속에 몰아넣어도, 몰아넣은 그대로, 답답하단 말이 없이, 태연히 견디는 품이 성인과 같다.

물은 참말 성인 같다. 고기들아 그의 품 속에 살되 그들에게 바라는것이 없고, 논, 밭, 우물, 과수원으로 어머니의 젖줄처럼 갈기갈기 찢기어 나가며 사람을 기르되, 더구나 사람이 그 고마움을 모르되, 탓함이 없이 그저 모르는채 바다로 흘러가는것이다.

오오, 물의 높은 녀이여!

노자가 일찌기 말하기를 '가상 착한이는 물과 같다"고 하였다.

24 백두산 가는 길에

鄭 寅 承 編

一 백두산 가는 길

백두산 가는 길, 장려한채 지리하다.
넘는 재, 건너는 물, 앞 막는 숲, 가로 넌 덕,
끝 없이 가고 또 가도, 번갈아서 나서네.

二 무두봉 위에서

무두봉 기어 올라, 천리 천평 내다보니,
넙기도 넙을쎄고, 우리 옛터 이 아닌가?
안 흥이 잦기도 전에, 눈물 벌쎄 흐르네.

三 꽃 동산을 지내면서

갖은 빛, 갖은 모양, 이루 해도 못하렸는,
어느 놀란 솜씨, 왼 저 없이 저으선고,
멍 잊고 바라다보니, 가슴 겨워지랴라.

본다가 눈 이리어 비비고 다시 보니,
불쑤록 질어지고 헐쑤록 주효 느네.
이 꽃밭 저내는 이 복, 어디 대어 비길까?

25 봄ㅅ비

봄ㅅ비에 바람 치어 질 같이 휘날린다.
종일 두고 뿌리어도, 그칠줄을 모르네.
묵은 밭 새 옷 입으리니, 오실대로 오시라.

목마른 가지 가지, 단 물어 오르도록
마음껏 뿌리소서, 스미어 들으소서.
말랐던 뿌리에서도, 새 싹 날까 합니다.

산애도 내리나니, 들에도 뿌리나니,
산과 물에 오시는 비, 내 집에는 안 오시랴?
아이야, 터왓 갈아라, 꽃 심을까 하노라.

개구리 잠 깨어라, 버들개지 더도 오라.
나비도, 풀벌도, 온갖 생물 다 나오라.
닭 봄ㅅ비 죠선에 오나니, 마중하러 갈꺼다.

26 가 을

가 람

둘마다 늦은 가을, 찬 바람이 일어나네.
버 이삭 수수 이삭, 오슬오슬 속삭이고,
밤 머릭 해 그림자도, 바쁜듯이 가누나.

무 배추 밭 머리에 바구니 던져 두고,
젖 먹는 어린 아이, 안고 앉은 어미 마음,
늦가을 저문 날에도, 바쁜줄을 모르네.

27 십이폭

노 산

열ㅅ 두 물 한줄기로, 떨어지니 한 폭포요,
한 폭포 열ㅅ 부단에 꺾였으니 십이폭을.
하나따, 열ㅅ 물이라 합이, 다 옳은가 하노라.

열ㅅ 물로 보자 하니, 소리가 하나이요.
하나로 듣자 하니, 경계 아니 열ㅅ 물인가?
십이폭 묻는이 있거든, 듣고 보라 하리라.

鄭
寅
承
編

28 노 력

一

쇠마치의 소리는 명랑 울리요,
화로ㅅ불은 휠휠게 뛰어 오르요,
탄 쇠에처 불똥이 날리는 중에,
모루 치며 힘들여 일하는자여
너희들이 온종일 땀을 흘리며
노력함이 어렵다 생각되거든,
세상에서 할 일이 없는 어려움
더욱 기가 막힘을 생각해보라.

二

튼튼하고 큰 손에 호미를 들고,
또약볕이 쬐여서 타는듯한데,
단단한 흙덩이를 깨치는자여
너희들과 생각에 이 흙덩이가
에로부터 저주를 받다 하리라.
그러하나 온종일 힘을 뒤하여,
노력함이 어렵다 생각되거든,
세상에서 할 일이 없는 어려움

더욱 기가 막힘을 생각해보라.

三

밧바다의 밑에서 커단 무덤이
입 벌리고 있으며, 모진 바람이
악귀 같이 배ㅅ전에 포호하는데,
태산 같은 물결이 열새가 없이
요동하는 창해를 배젓는자여
밤도 낮도 언제나 애를 쓰면서
노력함이 어렵다 생각되거든,
　세상에서 할 일이 없는 어려움
　더욱 기가 막힘을 생각해보라.

四

살 내리고, 피 줄고, 신열이 나서,
주야장천 심신을 수고로이 해,
온 천하의 동포의 영혼 위하여,
정성 다해 애쓰는 어진 사람아
이와 같은 고상한 목적으로도,
내 노력이 어렵다 생각되거든,
　세상에서 할 일이 없는 어려움
　더욱 기가 막힘을 생각해보라.

五

힘물이어 일하는자, 애쓰는자여.
너회물은 크나큰 새 세력으로
이 세상의 사람을 감화하누나.
있는 힘을 다하여 일에 당하며,
한치만한 시간도 이용 잘하라.
하눌로서 주신바 사람 권리중
가장 고귀한것이 일울 함이니,
미안하지 않도록 근로하여라.
　지극하게 어렵고 못 견딜것은
　세상에서 할 일이 없는것이라.

29 조선의 맥박

무 애

鄭
寅
承
編

한밤에 쫄 꺼진 재와 같이
나의 정열이 두 눈을 감고 잠잠할 때에,
나는 조선의 힘없는 맥박을 짚어보노라,
나는 임의 모세관, 그의 맥박이로다.

이윽고 새벽이 되어 훤한 동녘 하늘 밑에서
나의 희망과 용기가 두 팔을 뽑낼 때면,
나는 조선의 소생될 긴 한숨을 듣노라.
나는 임의 기관이요, 그의 숨결이로다.

그러나 보라, 이른 아침 길ㅅ가에 오고가는
튼튼한 젊은이들, 어린 학생들, 그들의
공 던지는 날랜 손발, 책보 낀 여생도의 힘
있는 두 팔.
그들의 빛나는 얼굴, 활기 있는 걸음걸이…·
아아, 이야말로 참으로 조선의 산 맥박이 아
닌가?

무럭무럭 자라나는 잘난 아이의 뛰여운 두 볼,

첫 달라 외오치는 그들의 우렁찬 울음,

작으나마 힘찬, 무엇을 잡으려는 그들의 손아귀,

해죽해죽 웃는 입술 기쁨에 넘치는 또렷한 눈ㅅ동자……

아아 조선의 대동맥, 조선의 허화는, 아기야, 너에게만 있도다.

30 봄의 선구자

여 수

나더러 진달래꽃을 노래하라 하십니까?
이 가난한 시인더러 그 적막하고도 가 픈
꽃을, 이른 봄 잔ㅅ풀 꺾기에 소문도 없이 피었
다가, 하루 아침 비바람에 속절없이 떨어지는
꽃을, 무슨 말로 노래하라 하십니까?

노래하기에는 너무도 슬픈 사실이외다.
백일홍 같이 붉게붉게 피지도 못하는 꽃을,
국화와 같이 오래오래 피지도 못하는 꽃을,
모진 비바람 만나 흩어지는 가엾은 꽃을,
노래하느니 차라리 붙들고 울것이외다.

친구께서도 이미 그 꽃을 보셨으리다.
화려한 꽃들이 하나도 피기도 전에,
찬 바람 오고 가는 산허리에 쓸쓸하게 피어
있는,
봄의 선구자, 연분홍의 진달래꽃을 보셨으리다.
진달래꽃은 진실로 봄의 선구자외다.

鄭寅承 編

그는 봄ㅅ소식을 먼저 전하는 예언자이며,
봄의 모양을 먼저 그리는 선구자외다.
비바람에 속절없이 지는 그 엷은 꽃ㅅ잎은
선구자의 불행한 수난이외다.

어찌하여 이 나라에 태어난, 이 가난한 시인이
이 갈이도 그 꽃을 붙들고 우는지 아십니까?
그것은 우리의 선구자들 수난의 모양이
너무도 많이 나의 머리ㅅ속에 있는 까닭이외다.

그러나 진달래꽃은 오려는 봄의 모양을 그
머리ㅅ속에 그리면서,
찬 바람 오고 가는 산허리에서 오히려 웃으
며 말할것이외다.
   "오래오래 피는것이 꽃이 아니요,
   붉게붉게 피는것이 꽃이 아니라,
   오려는 봄철을 먼저 아는것이
   정말 꽃다운 꽃이라" 고.

31 들

임　화

눈알을 굴려 하늘을 쳐다보니,
참 높구나, 가을 하늘은.
멀리서 둥그런 해가 까만 얼굴에 번쩍인다.

네가 손ㅅ등을 대어, 부신 눈을 문지를 때;
어느 틈에 재바른 참새들이
짓을 치며 함빡 논 위로 내려앉는다.

훠어! 손뼉을 치고, 네가 줄을 흔들면,
벙거지를 쓴, 거먼 허수아비
언제 눈치를 챘는지, 어깨ㅅ짓을 한다.

우! 우! 건너ㅅ말 동무들이 풋콩을 구워놓고,
산 모퉁이 모닥불 연기 속에 두 손을 벌려
너를 부른다.

얼싸안고 나는 네 볼에 입맞추고싶다.

鄭寅承 編

한 손을 젓고 말없이 웃어 대답하는, 오오,
착한 얼굴.

들로 불어오는 가을 바람이
덥고 긴 여름 동안 여위어온,
네 두 볼을 어루만지고 지나간다.

오지게 찬, 벼 이삭이 누렇게 여물어가듯,
푸르고 넓은 하늘 아래 자유롭게 너희들은
자라거라.
자라거라! 자라거라! 초목보다 더 길길이.

그러나, 바람이 불어온다,
수수밭 콩밭을 지내 논ㅅ두둑 위에로.

참새를 미워하는 네 마음아.
한 톨의 벼알 뉘때문에 아끼는가?

32 봄

鄭
寅
承
編

봄이 오도다.

버드나무의 트는 눈과 함께 오도다.

눈 녹고 얼음 풀린 앞뒤ㅅ들에 나물 캐며 지저귀는,

아이들의 웃음ㅅ소리와 함께 퍼지도다.

해는 따스한 손을 펴고 온갖것을 쓰다듬고,

바람은 훗훗한 김을 내불어 온갖것을 어루만지고,

오혜 말라붙었던, 골짜기 샘에서,

봄의 선녀를 찬송하는 졸졸이노래가 들릴 때,

숨었던것은 나타나고 밟혔던것은 쳐들고, 눌렸던것은 벗어나와,

쉬었던 생명을 다시 이으며, 숨겼던 힘을 다시 발휘하는도다.

부활의 서광과 창조의 노력이 눈과 귀의 미치는데까지 가득가득하도다.

기다리던 때를 만난 모든것이 행여나 남에게

질까봐서, 각자의 숨겼던 생활력을 힘껏 뽑어내는도다.

바위 틈의 작은 샘이 폭포가 되며 여울어 되어, 강으로 바다로 흐르는 동안에,

봄의 선녀의 날개 밑에서, 즐거움을 속삭이지 않는것이 없도다.

그네들은 다,

저의 사는 목숨을 제가 지켰도다. 저의 살힘을 제가 길렀도다.

그리하여 살 때가 되매;

조금도 두려워하지 않고, 조금도 거침새 없이,

조금도 머무적거리지 않고, 조금도 낭패함이 없어,

전보다 더 생신한 목숨을 나타내었도다.

봄이 왔도다.

산은 산으로서, 봄을 맞이하여 기쁨을 드러내고,

물은 물로서, 봄을 맞아 즐거움을 울리고,

초목로석은 초목토석으로 봄맞이하여, 새 **단장**

을 하며, 새 놀이를 차리도다.

남을 기다리지 아니하고, 남의 힘을 빌지 않고, 제 봄을 제가 맞이한 그에게는.

기쁨과, 즐거움과, 모든 소득과 받음이 온전히 다 제의것이로다.

그에게는 낭패가 없도다. 낙심이 없도다.

오직 성취의 만족이 있을뿐이다.

봄이 왔도다.

눈에 보이는 아름다움보다, 귀에 들리는 고움보다, 더 귀엽고 훌륭한 가르침을 주려는듯이,

봄이 우리의 눈앞에,

전개되었도다. 활약하는도다.

33 계절의 맑은 놀이

구 보

어디서 이다지도 맑은 바람이 이리 시원스리 불어듭니까?

부채질하던 손을 멈추고, 한참을 혼자 망연하여합니다.

문득 깨닫고, 고개를 들어 하늘을 우릴어봅니다.

오오, 그렇게도 높고 또 깨끗한 저 하늘!

우라 못를 사이, 어느 틈엔가, 가을은 이 곳을 찾아온것입니다.

× × ×

나는 우선 부채를 한구석에 치워버립니다. 한여름의 더위와 희롱하기에 지친 한자루 부채를 가져 어찌 이리도 맑고 새로운 계절을 맞이하겠습니까?

나는 또 옷을 벗어, 아내에게 장ㅅ속 깊이 감추어버리라고 명하였습니다. 나의 여름옷은 본래는 가벼운것이었으나, 한 여름 흘린 땀에 그것은 또 무거울대로 무거워지지 않았습니까?

…나도 이 계절에 합당한 새 양복을 가든히 입고, 오랜 동안 간직하여두었던 단장을 벗 삼아, 거리로 나갑니다.

× ×

가을을 맞는 한개의 예의로, 간밤에 은근히 비 내린 뒤 거리 위에는 일어나는 황진의 티끌도 없이 가로수 한개의 잎사귀 속에도, 새로운 계절은 스며있습니다.

보도 위를 오고 또 가는, 우리들의 걸음걸이도, 이제는 결코 더위에 쫓기어 황황할 까닭 없이, 걸음에 맞추어 단장이 울 때, 그 소리 또한 귀에 상쾌합니다.

× ×

그러나, 우리는 이 거리에 그다지 연연하여하지 않아도 좋을것이 아니겠습니까?

여름내 자주 찾았던 거리의 다방의, 아직도 한그릇 아이스크림의 미각이 남아있는, 그 탁자 위에서, 어찌 이 새로운 손님을 대접하여서 옳겠습니까?

우리들의 인생에 있어서의 용무라는것이, 그것이 결코 그리 대단한것이 못될런대, 하루의 번거로운 "볼ㅅ일"은 뒤로 미루어두고, 마음도 가

든히 거리 밖의 한때의 맑은 눈이를 꾀하여야
하겠습니다.

×　　　×

　"뚜어명 좋은 벗과 더불어, 한명 향기 높은
술을 가져 …"

　인정은 이미 오랜 옛날에 제정된, 이 계절을
맞이하는 한개의 예법일것입니다.

붙 임

Ⅰ 표준말에 관한것

　표준말에 익숙하지 못한이로서는 그문 표준말을 단박에 다 기억하려고 하기는 도저히 곤난한 일입니다. 표준 교과서, 표준 간행물 표준 사전을 통하여 많이 접촉하고 많이 실행함으로써 자연히 익숙하여지게 되는 수밖에 없습니다. 그러나, 어떤 말들은 서로 공통된 점이 있어서, 한결료 처따하고 한결로 기억할 수가 있는것이 있으니, 그러한것을 여기에 보이어, 여러분에게 기억의 편리를 도와드리고자합니다.

　【1】 동사 가운데, "—거리다"와 "—대다"가 같이 쓰이는 말들은 모두 "—거리다"로 표준함. (이렇게 된 말이 꽉 많은데, 본보기로 몇개만 들기로 함.)

　　예: 까불거리다(까불대다)　남실거리다(남실대다)
　　　　덤벙거리다(덤벙대다)　널렁거리다(널렁대다)
　　　　머뭇거리다(머뭇대다)　버적거리다(버적대다)
　　　　소곤거리다(소곤대다)　알씬거리다(알씬대다)

재잘거리다(재잘대다)   졸망거리다(졸망대다)

콜록거리다(콜록대다)   터덜거리다(터덜대다)

펄렁거리다(펄렁대다)   허둥거리다(허둥대다)

(이 밖에도 이런 따위 말이 많이 있음.)

【2】 동사 가운데, "—뜨리다", "—트리다", "—뜨리다", "—트리다" 들이 같이 쓰이는 말들은 모두 "—뜨리다"로 표준함.

예: 깨뜨리다(깨트리다 깨뜨리다 깨트리다)

넘어뜨리다(넘어트리다, 넘어뜨리다, 넘어트리다)

떨어뜨리다(떨어트리다 떨어뜨리다, 떨어트리다)

무너뜨리다(무너트리다, 무너뜨리다, 무너트리다)

빠뜨리다(빠트리다 빠뜨리다, 빠트리다)

쏟뜨리다(쏟트리다, 쏟뜨리다 쏟트리다)

엎어뜨리다(엎어트리다, 엎어뜨리다, 엎어트리다)

자빠뜨리다(자빠트리다 자빠뜨리다, 자빠트리다)

채뜨리다(채트리다, 채뜨리다 채트리다)

터뜨리다(터트리다, 터뜨리다 터트리다)

206

퍼트리다(퍼트리다, 퍼떠리다, 퍼터리다)

헤트리다(헤트리다, 헤떠리다, 헤터리다)

(이 밖에도 이런 따위 말이 많이 있음)

【3】 형용사 가운데, "—쁘다", "—프다"와 "—뿌다" "—푸다"가 같이 쓰이는 말들은 모두 "—쁘다", "—프다"로 표준함.

예: 가쁘다(가뿌다) 고달프다(고달푸다)

고프다(고푸다) 구쁘다(구뿌다)

기쁘다(기뿌다) 나쁘다(나뿌다)

바쁘다(바뿌다) 슬프다(슬푸다)

시쁘다(시뿌다) 아프다(아푸다)

예쁘다(예뿌다) 헤프다(헤푸다)

(이 밖에도 더 있음)

【4】 형용사 가운데 "—ㅂ다"와 "—웁다"가 같이 쓰이는 말들은 모두 "—ㅂ다"로 표준함.

(이런 말들은 다 "ㅂ변ㅅ격"으로 활용되는 형용사임.)

예: 가깝다(가까웁다) 눌랍다(놀라웁다)

덥다(더웁다) 더럽다(더러웁다)

무겁다(무거웁다) 부드럽다(부드러웁다)

쉽다(쉬웁다) 어렵다(어려웁다)

정답다(정다웁다) 춥다(추웁다)

쾌활스럽다(쾌활스러웁다) 탑스럽다(탑스러

웁다)

페롭다(페로웁다) 헐겁다(헐거웁다)

(이 밖에도 많이 있음.)

【5】 동사나 형용사 가운데, "—르다"와 "—ㄹ

르다"가 같이 쓰이는 말들은 모두 "—르다"로

표준함.(이런 말들은 다 "르변ㅅ격"으로 활용되

는 말들임.

예: 가르다(갈르다)　　녀르다(녈르다)

다르다(달르다)　　바르다(발르다)

사르다(살르다)　　오르다(올르다)

자르다(잘르다)　　흐르다(흘르다)

(이 밖에도 많이 있음.)

【6】 타동사 가운데, "—우다'와 "—다"가 같

이 쓰이는 말들은 모두 "—우다' 로 표준함.

예: (1) 보통의 타동사

게우다(게다)　　떼우다(떼다)

배우다(배다)　　시새우다(시새다)

에우다(에다)　　치우다(치다)

(2) 자동사나 형용사로부터 변하여서 된

타동사

깨우다(깨다)　　끼우다(끼다)

鄭寅承編

　　　데우다(데다)　　　메우다(메다)
　　　비우다(비다)　　　밤새우다(밤새다)
　　　세우다(세다)　　　새우다(새다)
　　　짐지우다(짐지다)　채우다(채다)
　　　태우다(태다)　　　피우다(피다)
　　（이 밖에도 더 있음.）

【7】 명사 가운데, "늘"과 "눌"이 같이 쓰이
는 말들은 모두 "늘"로 표준함.
　예: 마늘(마눌)　　　며느리(며누리)
　　　미늘(미눌)　　　바늘(바눌)
　　　비늘(비눌)　　　오늘(오눌)
　　　하늘(하눌)

【8】 부사 가운데, "로"와 "루"가 같이 쓰이
는 말들은 대개 "로"로 표준함.
　예　가까스로(가까스루)　가로(가루)
　　　따로(따루)　　　도로(도루)
　　　새로(새루)　　　서로(서루)
　　　함부로(함부루)　홀로(홀루)

　　　다만 "고루고루"의 뜻인 "고루'는 "그런고로"
의 뜻인 '고로"와 혼동되기 쉽고 "이루 다
셀 수가 없다"와 같은 "이루"는 "이로써"의
"이로"와 혼동되기 쉬우므로 각각 "고루", "이

루"도 표준함.

【9】 모음의 동화작용으로 "ㅏ, ㅓ, ㅗ, ㅜ, ㅡ"가 "ㅐ, ㅔ, ㅚ, ㅟ, ㅣ"로 발음되는 습관이 있을찌라도, 유추 관계나 어원 관계가 있는것은 모두 제 본음으로 표준함.

예: (1) 유추 관계가 있는것

전더기(유추: 전덕지) 두렁이(유추: 두렁치마)

두루마기(유추: 두루막) 뻐꾸기(유추: 뻐꾹새)

버르장이(유추: 버트장머리) 보드기(유추: 보
득솔)

부스러기(유추: 부스러지) 빙충이(유추: 빙충
맞이)

소나기(유추: 소낙비) 아비(유추: 아버지)

어미(유추: 어머니) 잔등이(유추: 잔등머리)

주둥이(유추: 주둥아리) 지팡이(유추: 지팡막
대)

(2) 어원 관계가 있는것

깜작이다(어원: 깜작깜작) 낯바다기(어원: 바
닥)

누더기(어원: 누덕누덕) 나듬이(어원: 다듬다)

들이켜다(어원: 들다) 맡기다(어원: 맡다)

박이웃(어원: 박다) 손잡이(어원: 잡다)

아끼다(어원: 아깝다) 젖먹이(어원: 먹다)

(이 밖에도 이러한 말들이 많이 있음.)

이상은 일찌기 조선어학회에서 사정한 표준말 가운데 한결로 처리한 말들이요, 그 밖의 말들은 낱낱이 처리하여야 되는 동시에, 또한 낱낱이 기억하는 수밖에 없는것이니, "사정한 조선어 표준말 모음"을 보시기 바랍니다.

II 맞춤법에 관한것

맞춤법에 익숙하지 못한이로서 흔히 잘못하는 일은 대중없이 새 받침을 함부로 쓰는 일입니다. 우리말에 새 받침을 써야 할 말이 그리 한정없이 많은것이 아닙니다. 새 받침 붙는 말들을 대개 모아서 아래에 적어 보이니, 여기에 적힌 말이면 반드시 그 받침대로 쓰고, 그 밖의 말에는 자신 없이 새 받침을 쓰지 마는것이 우선 좋을것입니다. 그 이상의 맞춤법에 관한 자세한것은 "한글 맞춤법 통일안"의 원리와 규칙에 의하여 잘 활용할 수 있도록 많은 연습을 쌓아주기 바랍니다.

재래에 쓰던 받침 ㄱ, ㄴ, ㄹ, ㅁ, ㅂ, ㅅ, ㅇ, ㄺ, ㄻ, ㄼ 이외에, 더 쓸 받침은 ㄷ, ㅈ, ㅊ,

鄭
寅
承
編

ㅋ, ㄷ, ㅍ, ㅎ, ㄲ, ㅆ, ㄳ, ㄵ, ㄺ, ㄾ, ㄿ, ㅀ,
ㅁ, ㅄ, ㅅ, 들인데 이런 받침을 쓸 말은 아래
와 같음.

ㄷ받침: 걷다(捲) 곧(卽) 곧다(直) 굳다(堅)
난(穀) 닫다(閉) 돋다(凸) 돋다(昇)
뜯다(摘) 맏(昆) 묻다(埋) 묻다(染)
믿다(信) 받다(受) 받다(支) 빋다(外向)
빋다(延) 뻗다(伸) 쏟다(瀉) 얻다(得)

변ㅅ격활용하는것: 깨닫다(覺) 걷다(步) 겯다
(編) 긷다(汲) 눋다(焦) 닫다(走) 다
닫다(臨) 듣다(聞) 묻다(問) 붇다(殖)
싣다(載) 일컫다(稱)

ㅈ받침: 갖다(備) 꽂다(揷) 꾸짖다(叱) 궂다
(凶) 낮(晝) 낮다(低) 늦다(晚) 맞다
(適) 맞다(迎) 맞다(被打) 멎다(結)
비롯다(濫) 부르짖다(叫) 빚(債) 빚다
(釀) 애꿎다(不幸) 잊다(忘) 잦다(後
傾) 잦다(頻) 잦다(涸) 젖(乳) 젖다
(後傾) 젖다(濕) 짖다(吠) 찢다(裂)
찾다(尋)

ㅊ받침: 갗(皮膚) 꽃(花) 낯(面) 닻(錨) 덫
(捕獸機) 돛(帆) 몇(幾) 빛(光, 色) 숯

(炭)　옷(漆)　옾(?)　좇다(從)　쫓다
(逐)

ㅋ받침: 녘(方)　부엌(廚)

ㄷ받침: 같다(同)　겉(表)　곁(傍)　끝(末)　낟
(個)　닫다(任)　닫다(嗅)　머리맡(枕邊)
묻(陸)　밑(底)　바깥(外邊)　밭(田)　밭
다(迫)　받다(處)　뱉다(吐)　볕(陽)　부
릍다(腫)　붙다(付)　샅(股間)　솥(鼎)
숱(量)　얕다(淺)　옅다(淺)　짇다(?)
팥(豆)　홑(單)　흩다(散)

ㅍ받침: 갚다(報)　깊다(深)　높다(高)　늪(沼)
덮다(覆)　무릎(膝)　섶(薪)　숲(藪)　싶
다(欲)　앞(前)　엎다(覆)　옆(側)　잎(葉)
짚(?)　짚다(?)　헝 (布片)

ㅎ받침: 낳다(産)　넣다(入)　놓다(放)　놓다(證)
닿다(接)　땋다(?)　빻다(碎)　쌓다(積)
좋다(好)　찧다(搗)

변ㅅ격활용하는것: 가맣다(玄)　까맣다(玄)　거
멓다(黑)　꺼멓다(黑)　기다랗다(長)　깊
다랗다(深)　높다랗다(高)　노랗다(黃)
누렇다(黃)　동그랗다(圓)　동그렇다(圓)
벌겋다(赤)　빨갛다(赤)　뻘겋다(赤)　뻘

정다(赤)　싸느랗다(冷)　찌느렇다(冷)
자그맣다(小)　조그맣다(小)　커다랗다(大)
파랗다(靑)　퍼렇다(靑)　하얗다(白)　허
옇다(白)　이　밖의　"앟다, 엏다"의　끝
소리를　가진　말　전부.

ㄲ받침: 깎다(削)　꺾다(折)　겪다(經)　낚다(釣)
닦다(拭)　닦다(修)　덖다(添垢)　묶다
(束)　밖(外)　볶다(炒)　섞다(混)　솎다
(間拔)　안팎(內外)　엮다(編)

ㄳ받침: 넋(魄)　몫(配分)　삯(質)　섟(性氣)

ㄵ받침: 가라앉다(沈)　깨앉다(撒)　앉다(坐)　얹
다(上置)

ㄶ받침: 귾다(批)　괜찮다(無妨)　귀찮다(苦)　끊
다(絶)　많다(多)　언짢다(不好)　점잖다
(偉)　하찮다(不大)

ㄺ받침: 갉(向方)　돐(週期)　삯(代償)

ㄾ받침: 핥다(舐)　훑다(挾扱)　홅다(挾扱)

ㄼ받침: 곪다(敗減)　굶다(跛)　끓다(沸)　닳다
(耗損)　뚫다(穿)　쓿다(精米)　싫다(厭)
앓다(病)　옳다(可)　잃다(失)

ㄿ받침: 읊다(詠)

ㅁ받침: 굼("구멍"의　옛말)　낢("나무"의　옛말)

ㅄ 받침: 값(價) 가엾다(憐) 맥없다(無聊) 부질
　　　　없다(謾) 상없다(悖常) 실없다(不實)
　　　　시름없다(愁) 없다(無) 열없다(小膽)

ㅆ 받침: 겠다(未來) 았다(過去) 었다(過去) 있
　　　　다(有)

　이 밖에 준말(略語)을 준 그대로 적을 때에
"ㅎ" 와 "ㅆ" 을 윗ㅅ글짜의 받침으로 쓰는 일
이 있음.

　예: 찮다("가하녀"의 준말) 않다("아니하다"의
　　　준말)

　　　갔다("가았다"의 준말) 왔다("오았다"의 준
　　　말) 떴다("뜨었다"의 준말) 그렸다("그리
　　　었다"의 준말)

Ⅲ 부호에 관한것

　문장에 부호를 쓰는것은 독서 능률을 돕기
위합인즉, 필요한 곳에는 필요한 부호를 반드시
써야 하고, 필요하제 아니한 곳에 아무 부호나
함부로 쓰는것은 도리어 독서 능률에 방해되는
것이니, 잘 주의하여야 할것입니다.

　조선어학회에서 제정한 여러 부호 가운데 가
장 흔히 쓰이는 몇가지를 아래에 보입니다.

1. 마침표 . 문장의 끝남을 표함.

2. 그침표 : 한 문장이 대체로 끝나면서 다음 문장과 연락됨을 표함.

3. 머무름표 ; 글 뜻이 좀 중단됨을 표함.

4. 쉬는표 , 위아래 말의 구별됨을 표함.

5. 물음표 ? 의심이나 물음을 표함.

6. 느낌표 ! 느낌이나 부르짖음을 표함.

7. 따옴표 " " 따다가 쓴 말을 표함.

8. 작은따옴표 ' ' 따온 말 안에 있는 따온 말을 표함.

9. 홀로이름표 —— 고유명사를 표함.

10. 풀이표 —— 위의 말을 다시 해석하고 넘어갈 때 씀.

11. 줄임표 … 남은 말을 풀이어버릴 때 씀.

12. 말없음표 …… 말 없이 침묵함을 표함.

13. 묶음표 ( ) (( )) { } 〔 〕 어떤 부분을 한덩이로 묶을 때 적당히 씀.

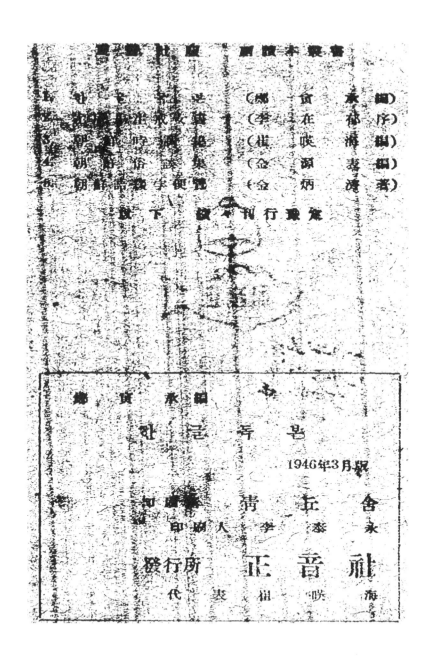

鄭　寅　承　編

한글독본

1946年3月版

印刷…　第…舍

印刷人　李　泰　永

發行所　正音社

代表　崔　暎　海

■ 구자황(具滋晃)

성균관대학교 국어국문학과, 동 대학원 졸업(문학박사)
현재 숙명여자대학교 교양교육원 교수
주요 논저로「독본을 통해 본 근대적 텍스트의 형성과 변화」,「최남선의『시문독본』연구」,「근대 독본의
성격과 위상」(2, 3),「일제강점기 제도권 문학교육」,「근대 독본문화사 연구 서설」,『이문구 문학의 전통
과 근대』,『근대 국어교과서를 읽는다』(공저) 등이 있다.

■ 문혜윤(文惠允)

고려대학교 국어국문학과, 동 대학원 졸업(문학박사)
현재 고려대학교 강사
주요 논저로「문예독본류와 한글 문체의 형성」,「조선어/한국어 문장론과 문학의 위상」,「조선어 문학의
역사 만들기와 '강화(講話)'로서의『문장』」,「한자/한자어의 조선문학적 존재 방식」,『문학어의 근대』,
『근대 국어교과서를 읽는다』(공저) 등이 있다.

근대독본총서 8

한글독본(鄭寅承 編)

© 구자황·문혜윤, 2015

1판 1쇄 인쇄__2015년 06월 20일
1판 1쇄 발행__2015년 06월 30일

엮은이__구자황·문혜윤
펴낸이__양정섭
펴낸곳__도서출판 경진
　　　　등록__제2010-000004호
　　　　블로그__http://kungjinmunhwa.tistory.com
　　　　이메일__mykorea01@naver.com

공급처__(주)글로벌콘텐츠출판그룹
　　　　대표__홍정표
　　　　편집__김현열 송은주　**디자인**__김미미　**기획·마케팅**__노경민　**경영지원**__안선영
　　　　주소__서울특별시 강동구 천중로 196 정일빌딩 401호
　　　　전화__02-488-3280　**팩스**__02-488-3281
　　　　홈페이지__http://www.gcbook.co.kr

값 16,000원
ISBN 978-89-5996-466-6 94700
ISBN 978-89-5996-135-1 94700(세트)